中华人民共和国行业标准

公路养护技术规范

Technical Specifications of Maintenance for Highway

JTG H10—2009

主编单位：浙江省公路管理局
批准部门：中华人民共和国交通运输部
实施日期：2010 年 01 月 01 日

人民交通出版社

图书在版编目（C I P）数据

公路养护技术规范:JTG H10—2009/浙江省公路管理局主编. —北京:人民交通出版社,2009.12

ISBN 978-7-114-08071-5

I. 公… II. 浙… III. 公路养护－规范－中国 IV. U418－65

中国版本图书馆 CIP 数据核字(2009)第 213154 号

中华人民共和国行业标准

公路养护技术规范

JTG H10—2009

浙江省公路管理局 主编

人民交通出版社出版发行

（100011 北京市朝阳区安定门外外馆斜街 3 号）

各地新华书店经销

北京市密东印刷有限公司印刷

开本：880×1230 1/16 印张：12 字数：246 千

2009 年 12 月 第 1 版

2023 年 9 月 第 16 次印刷

定价：60.00 元

ISBN 978-7-114- 08071-5

中华人民共和国交通运输部

公　　告

2009 年第 45 号

关于公布《公路养护技术规范》（JTG H10—2009）的公告

现公布《公路养护技术规范》（JTG H10—2009），作为公路工程行业标准，自 2010 年 1 月 1 日起施行，原《公路养护技术规范》（JTJ 073—96）同时废止。

该规范的管理权和解释权归交通运输部，日常解释和管理工作由主编单位浙江省公路管理局负责。请各有关单位在实践中注意总结经验，及时将发现的问题和修改意见告浙江省公路管理局（地址：杭州市梅花碑 4 号，邮政编码：310009），以便修订时研用。

特此公告。

中华人民共和国交通运输部

二○○九年十月三十日

主题词：公路　规范　公告

交通运输部办公厅　　2009 年 11 月 2 日印发

前　言

《公路养护技术规范》(JTJ 073—96)(以下简称原规范)发布实施以来,对提高我国公路养护工作质量起到了积极作用。但随着我国公路事业的迅速发展,特别是高速公路里程的不断增长,国内外新技术、新工艺、新材料、新设备科技成果的不断研发与应用,原规范的部分内容和技术指标已不能适应我国公路养护事业的发展需要。为此,交通部于2005年组织浙江省公路管理局为主编单位,交通部公路科学研究院、上海市公路管理处等单位为参编单位,共同组成《公路养护技术规范》编写组,对原规范进行全面修订。

在规范编制过程中,编写组进行了广泛的调查研究,查阅了大量有关公路养护方面的文件资料,征求了各地交通主管部门及有关单位的意见,充分考虑与其他相关标准、规范的协调一致,配合相关法规的实施和标准化改革工作,围绕畅通、安全、环保等基本要素,贯彻"突出重点、注重结果、简化过程、强化标准"的原则,采纳和吸取了先进技术和经验,结合我国目前的公路养护技术状况,在原规范基础上,经反复修改,最终形成《公路养护技术规范》(JTG H10—2009)(以下简称本规范)。

本规范由总则,术语,路基,路面,桥梁、涵洞与渡口,隧道,路线交叉,公路防灾与突发事件处置,交通工程及沿线设施,公路绿化与环境保护,公路养护作业安全,技术管理等12章及9个附录组成。本规范与原规范相比,作了以下较大修改:删除了技术管理体系有关技术管理机构职责和人员配备的规定,以及改善土路面、浮桥、木桥、苗圃等养护内容;取消了高速公路一章,有关高速公路的养护内容及特殊要求纳入其他相关章节;增加了公路突发事件处置、环境保护、公路养护作业安全、档案管理等章节和内容。

请各有关单位在执行规范过程中将发现的问题和意见及时函告浙江省公路管理局(地址:浙江省杭州市梅花碑4号,邮编:310009),以便再次修订时研用。

主 编 单 位:浙江省公路管理局
参 编 单 位:交通部公路科学研究院
上海市公路管理处
山东省交通厅公路管理局
陕西省公路管理局
辽宁省交通厅公路管理局
湖南省公路局
主要起草人:洪秀敏　张德理　侯利国　曹国银　寿　华　徐建伟　朱定勤
梁明进　马建青　李飞泉　李　丽　梁平安　徐春林　陈玉林
黄敏妮　王　征　苏文英　王一如　李哲梁　张玉宏　于　晓
欧阳海霞　金宏忠　祖熙宇　刘世权

目　录

1 总则

1.0.1 为加强公路养护工作,统一和规范公路及其沿线设施的养护标准,提高公路养护质量和服务水平,制定本规范。

1.0.2 本规范适用于各级公路的养护工作。

1.0.3 公路养护应贯彻“预防为主,防治结合”的方针,加强预防性养护,保持公路及其沿线设施良好的技术状况。

1.0.4 公路养护工作应切实贯彻“科技兴交,科学养路”的方针,大力推广和应用先进的养护技术、机械装备和科学的管理方法。公路养护机械配备参见本规范附录A。

1.0.5 公路养护工作应重视资源节约和环境保护。

1.0.6 公路养护工作应注重养护生产作业安全及减少对通行车辆的影响。

1.0.7 公路养护按其工程性质、技术复杂程度和规模大小,分为小修保养、中修工程、大修工程、改建工程等四类。各类养护工程的具体作业内容参见本规范附录B。

1.0.8 公路养护质量的考核,应严格按照现行《公路技术状况评定标准》(JTG H20)规定执行。

1.0.9 公路养护工作除遵守本规范规定外,尚应符合国家其他现行有关标准、规范的规定。

2 术语

2.0.1 小修保养 routine maintenance

对公路及其沿线设施经常进行维护保养和修补其轻微损坏部分的作业。

2.0.2 中修工程 intermediate maintenance

对公路及其沿线设施的一般性损坏部分进行定期的修理加固,以恢复公路原有技术状况的工程。

2.0.3 大修工程 heavy maintenance

对公路及其沿线设施的较大损坏进行周期性的综合修理,以全面恢复到原技术标准的工程。

2.0.4 改建工程 highway reconstruction

对公路及其沿线设施因不适应现有交通量增长和荷载需要而进行全线或逐段提高技术等级指标,显著提高其通行能力的较大工程项目。

2.0.5 滑坡 slide

斜坡上的岩体或土体在自然或人为因素的影响下沿带或面滑动的现象。

2.0.6 崩塌 rock fall

高陡斜坡上岩体或土体在重力作用下倒塌、倾倒或坠落的现象。

2.0.7 泥石流 debris flow

挟带大量泥沙、石块的间歇性洪流。

2.0.8 稀浆封层 slurry seal

用适当级配的集料、填料(水泥、石灰、粉煤灰、石粉等)与乳化沥青、外掺剂和水,按一定比例拌和而成的稀浆混合料,将其均匀地摊铺在路面上形成的沥青封层。

2.0.9 微表处 micro-surfacing

采用适当级配的集料、填料(水泥、石灰、石粉等)与聚合物改性乳化沥青、外掺剂和水按一定比例拌和而成的稀浆混合料,将其均匀地摊铺在路面上形成的沥青封层。

2.0.10 拱起 blow-up

水泥混凝土路面在气温升高时,因胀缝不能充分发挥作用,造成板体向上隆起的现象。

2.0.11 沉陷 depression

由于路基的竖向变形而导致路面下沉的现象。

2.0.12 翻浆 frost boiling

季节性冰冻地区,春融时路基或路面基层含水量过大,强度急剧降低,在行车作用下造成路基湿软弹簧、路面破裂、冒出泥浆等的现象。

2.0.13 错台 faulting of slab ends

接缝或裂缝处相邻面板出现垂直高差的现象。

2.0.14 唧泥 pavement pumping

由于路面排水不良,引起基层材料产生液化,在行车的重复作用下,因板体上下运动而产生抽吸作用,使路面下稀释的泥浆或细料从接缝或裂缝处挤出的现象。

2.0.15 露骨 surface angularity

在行车作用下,路面被严重磨损而形成骨料裸露的现象。

2.0.16 罩面 overlay of pavement

在原有路面上加铺一层水泥混凝土或沥青混凝土面层,以恢复路面磨耗及表层轻度破损的措施。

2.0.17 混凝土路面加铺层 concrete overlay

为提高原有路面的承载能力,在其上加铺的水泥或沥青混凝土层。

2.0.18 分离式加铺层 unbonded concrete overlay

在原有混凝土路面上铺沥青材料或其他材料的隔离层,其上再铺筑的新混凝土面层。

2.0.19 直接式加铺层 partially bonded concrete overlay

在经过清理的原有混凝土路面上直接铺筑的新混凝土面层。

2.0.20 调治构造物 regulating structure

为引导和改变水流方向,使水流平顺通过桥孔并减缓水流对桥位附近河床、河岸的冲刷而修建的水工构造物。

2.0.21 养护维修作业控制区 traffic control zone for maintenance work

为公路养护维修作业所设置的交通管理区域,分为警告区、上游过渡区、缓冲区、工作、下游过渡区和终止区等6个区域。

2.0.22 警告区 warning area

从作业控制区起点设置的施工标志到上游过渡区之间的路段,用以警告车辆驾驶员已经进入养护维修作业路段,按交通标志调整行车状态。

2.0.23 警告区最小长度 minimum length of warning area

保证驶入警告区的车辆减速至工作区规定的限速所需要的警告区路段的最短长度。

2.0.24 上游过渡区 upstream transition area

保证车辆平稳地从封闭车道的上游横向过渡到缓冲区旁边非封闭车道的路段。

2.0.25 缓冲区 buffer space

上游过渡区和工作区之间的路段。

2.0.26 工作区 activity area

养护维修作业的施工操作区域。

2.0.27 下游过渡区 downstream transition area

保证车辆平稳地从工作区旁边的车道横向过渡到正常车道的路段。

2.0.28 终止区 termination area

设置于工作区下游调整车辆行车状态的路段。

2.0.29 渠化装置 channelizing devices

警告、提醒和引导车辆和行人通过养护维修作业控制区域,隔离车流、人流与工作区的设施。

3 路基

3.1 一般规定

3.1.1 公路路基养护应符合下列要求：

1 通过日常巡查，发现病害及时处治，保持良好稳定的技术状况。

2 路肩无病害，边坡稳定。

3 排水设施无淤塞、无损坏，排水畅通。

4 挡土墙等附属设施良好。

5 加强不良地质路基边坡崩塌、滑坡、泥石流等灾（病）害的巡查、防治、抢修工作。

3.2 路肩与边坡

3.2.1 公路路肩应保持平整、坚实，横坡适顺，排水顺畅。土路肩或草皮路肩的横坡应略大于路面横坡，硬路肩与路面同坡。硬路肩产生病害应参照同类型路面病害处治。

3.2.2 路基边坡应保持平顺、坚实，遇有缺口、坍塌、高边坡碎落、侧滑等病害，应分别针对具体情况采取各种相应的加固整修措施。

3.3 排水设施

3.3.1 路基排水设施应保持排水畅通。如有冲刷、堵塞和损坏，应及时疏通、修复或加固。

3.3.2 路基排水设施断面尺寸和纵坡应符合原设计标准规定。

3.3.3 对暗沟、渗沟等隐蔽性排水设施，应加强检查，防止淤塞，如有淤塞，应及时修理、疏通。

3.3.4 原有排水设施不能满足使用要求时，应适时增设和完善。

3.3.5 新增排水设施时，其设计、施工应符合现行《公路路基设计规范》（JTG D30）和

《公路路基施工技术规范》(JTG F10)的有关规定。

3.4 挡土墙

3.4.1 对挡土墙应加强检查,发现病害应查明原因,并观察其发展趋势,采取相应的修复、加固等措施,损坏严重时,可考虑全部或部分拆除重建。

3.4.2 应保持挡土墙的泄水孔畅通,定期检查和维修,清理伸缩缝、沉降缝,使其正常发挥作用。

3.4.3 重建或增建挡土墙,应根据公路所在地区地形及水文地质等条件合理选择挡土墙类型(附录C),并应符合现行《公路路基设计规范》(JTG D30)和《公路路基施工技术规范》(JTG F10)有关规定。

3.5 透水路堤

3.5.1 透水路堤透水层及设置于其内的泄水管应保持稳定和良好的透水(泄水)性能,若有损坏应及时修复。

3.5.2 透水路堤的上下游护底铺砌应保持平整密实,若有损坏应及时修复。

3.5.3 透水路堤的透水层,若失去透水性能影响路堤稳定且无法修复时,应考虑改建为桥涵。

3.6 特殊地区路基

3.6.1 特殊地区主要指盐渍土地区、黄土地区、沙漠地区、多年冻土地区、泥沼和软土地区等。

3.6.2 盐渍土地区公路受水流侵袭后,路基出现坍塌或溶陷,应加强排水并采取相应的加固措施。

3.6.3 黄土地区路基遇水容易发生沉陷、坍塌、边沟冲深和蚀宽、边坡松散等病害,应根据各种病害特征采取相应的处治措施。

3.6.4 沙漠地区路基养护应采取“固、阻、输、导”等措施进行综合治理。公路两侧的固沙植物应加强管护。

3.6.5 多年冻土地区的路基养护，应遵循“保护冻土”的原则，填土路基坡脚 20m 范围内不得破坏原地貌，取土坑应设在坡脚 20m 以外。

3.6.6 多年冻土地区路基应注意加强排水，填土路基上方 20m 以外、路堑坡顶 5m 以外应设置截水沟，将雨雪水引至路基以外。

3.6.7 对有涎流冰产生的路段，应适当提高路基高度，保持路基高于涎流冰最大壅冰高度加 0.5m。

3.6.8 泥沼和软土地区路基应加强排水，改善排水条件，采取适当的技术措施稳固路基。

3.7 路基翻浆与沉陷处治

3.7.1 路基翻浆主要发生在季节性冰冻地区的春融时节，以及盐渍土、泥沼、水网、软土等地区。路基翻浆根据导致其发生的水类来源和翻浆时路面的变形破坏程度，可分为五种类型和三个等级，见表 3.7.1-1、表 3.7.1-2。

表 3.7.1-1 翻浆分类

序号	翻浆类型	导致翻浆的水类来源
1	地下水类	受地下水的影响，土基经常处于潮湿状态，导致翻浆。地下水包括上层滞水、潜水、层间水、裂隙水、泉水、管道漏水等。潜水多见于平原区，层间水、裂隙水、泉水多见于山区
2	地表水类	受地表水的影响，土基潮湿，导致翻浆。地表水主要指季节性积水，也包括路基、路面排水不良而造成的路旁积水和路面积水
3	土体水类	因施工遇雨或用过湿的土填筑路堤，造成土基原始含水量过大，在负温度作用下上部含水量显著增加导致翻浆
4	气态水类	在冬季强烈的温差作用下，土中水主要以气态形式向上运动，聚积于土基顶部和路面结构层内，导致翻浆
5	混合水类	受地下水、地表水、土体水或气态水等两种以上水类综合作用产生的翻浆。此类翻浆需根据水源主次定名

表 3.7.1-2 翻浆分级

翻浆等级	路面变形破坏程度
轻	路面龟裂、潮湿、车辆行驶时有轻微弹簧
中	大片裂纹、路面松散、局部鼓包、车辙较浅
重	严重变形、翻浆冒泥、车辙很深

3.7.2 路基发生翻浆病害时,应根据翻浆的类型和级别(翻浆程度)采取相应的防治措施。各种防治翻浆的措施参见附录 D。

3.7.3 当由于软土地基沉降、路基翻浆等病害,引起桥头跳车、路基沉陷时,应采取相应的技术措施进行处治。

3.8 路基局部改建

3.8.1 当路基的局部改建在维持通车的情况下进行时,宜采取半幅施工、半幅养护通车的方式交替施工。施工长度不宜过长。

3.8.2 路基局部改建的设计和施工应符合现行《公路路基设计规范》(JTG D30)和《公路路基施工技术规范》(JTG F10)的有关规定。

4 路面

4.1 一般规定

4.1.1 路面养护应符合下列要求：

1 经常清扫路面，及时清除杂物、清理积雪积冰，保持路面整洁，做好路面排水。

2 加强路况巡查，发现病害，及时进行维修、处治。

4.1.2 定期对路面的技术状况进行调查和评定。应以路面管理系统分析结果为依据，科学制订公路养护维修计划。

4.1.3 路面技术状况各分项指标低于规定值时，应采取相应措施恢复或提高。

4.1.4 路面损坏分类、技术状况调查方法和频率，应按现行《公路技术状况评定标准》(JTG H20)执行。

4.1.5 改建工程、大中修工程的路面结构、施工工艺、材料、质量指标应符合现行有关设计、施工技术规范的规定。大交通量路段应制订科学合理的交通组织方案，减少对通行车辆的影响。

4.2 沥青路面

4.2.1 公路沥青路面养护应符合下列要求：

1 对沥青路面应进行预防性、经常性和周期性养护，加强路况巡查，掌握路面的使用状况，根据路面的实际情况制订日常小修保养和经常性、预防性、周期性养护工程计划。对于较大范围路面损坏和达到或超过设计使用年限的路面，应及时安排大中修或改建工程。

2 应及时掌握路面的使用状况，加强小修保养，及时修补各种破损，保持路面处于整洁、良好的技术状况。

3 沥青路面养护工程使用的沥青、粗集料、细集料和填料的规格、质量要求、技术指标、级配组成及大修、中修、改建工程的设计、施工、质量控制，均应符合现行《公路沥青路面设计规范》(JTG D50)和《公路沥青路面施工技术规范》(JTG F40)的有关规定。

4.2.2 沥青路面的技术状况应符合现行《公路技术状况评定标准》(JTG H20)有关规定。

对沥青路面采取中修、大修、改建时,除遵守本规范的相关技术规定外,还应遵守现行《公路沥青路面施工技术规范》(JTG F40)、《公路路基施工技术规范》(JTG F10)、《公路路面基层施工技术规范》(JTJ 034)的有关规定。

4.2.3 沥青路面养护质量的评定等级分为优、良、中、次、差5个等级,按现行《公路技术状况评定标准》(JTG H20)评定,并应按以下情况分别采取各种养护对策:

1 在满足强度要求的前提下,当高速公路及一级公路的路面损坏状况指数(PCI)评价为优、良,或者二级及二级以下公路的路面损坏状况指数评价为优、良、中时,以日常养护为主,并对局部破损进行小修;当高速公路及一级公路的路面损坏状况指数评价为中及中以下,或者二级及二级以下公路的路面损坏状况指数评价为次及次以下时,应采取中修罩面措施。

2 当强度不能满足要求时,应采取大修补强措施以提高其承载能力。

3 当高速公路及一级公路的路面行驶质量指数(RQI)评价为优、良,或者二级及二级以下公路的路面行驶质量指数评价为优、良、中时,以日常养护为主;当高速公路及一级公路的路面行驶质量指数评价为中及中以下,或者二级及二级以下公路的路面行驶质量指数评价为次及次以下时,应采取罩面等措施改善路面的平整度。

4 高速公路及一级公路的抗滑能力不足(SFC<40)的路段,或二级及二级以下公路抗滑能力不足(SFC<33.5)的路段,应采取加铺罩面层等措施提高路表面的抗滑能力。

5 当路面不适应现有交通量或荷载的需要时,应通过提高现有路面的等级,或通过加宽等改建措施提高公路的通行能力和服务质量。

6 大、中修及改建工程的结构类型和厚度,可根据公路等级、交通量、当地经济条件和已有经验,通过设计确定,具体要求应符合本规范第4.2.6、4.2.8、4.2.9条的有关规定。

对项目级的养护维修对策,可根据公路网的资金分配情况和养护工作计划安排,结合各路况分项评价结果和本地区成熟的养护经验,选择具体的养护维修措施。

4.2.4 沥青路面的日常养护。

1 沥青路面的初期养护应按下列规定进行:

1)摊铺、压实后的热拌沥青混合料路面,待摊铺层自然冷却,混合料表面温度低于50℃后方可开放交通。开放交通初期,应控制行驶车辆限速在20km/h以下,视表面成型情况,逐步恢复到设计时速。乳化沥青路面(含稀浆封层和微表处)的初期稳定性差,应设专人管理,按实际破乳情况,封闭交通2~6h。在未破乳的路段上,严禁一切车辆、人、畜通过;开放交通初期,应控制车速不超过20km/h,并不得制动和掉头。

2)沥青贯入式路面及层铺法施工的沥青表面处治路面,应及时将行车驱散的面料回扫,扫匀、压实,以形成平整密实的上封层。

2　沥青路面日常养护应按下列规定进行：

1）加强路况巡查，及时发现病害，研究分析病害产生的原因，并有针对性地及时对病害进行维修处治。

2）路面清扫应按下列规定进行：

（1）巡查过程中，发现路面上有杂物，应及时清扫，保持路面整洁。

（2）路面的日常清扫，应根据实际情况，采用机械或人工的方法进行。高速公路和一级公路应以机械清扫为主，其他等级公路可以机械和人工相结合进行清扫。

（3）二级及二级以上公路路面的清扫作业频率宜不少于1次/d，其他等级公路可根据路面污染程度、交通量大小及其组成、气候及环境等因素而定，但不宜少于1次/周，中央分隔带内的杂物清理宜不少于1次/月。长隧道内和大型桥梁的清扫频率应适当增加。

（4）清扫时，应防止产生扬尘而污染环境，危及行车安全，并及时清除和处理路面油类或化工类等玷污物。

3）雨后路面积水应及时排除。

4）在春融期，特别是汛期，应对排水设施进行全面检查并疏通。

5）冬季降雪天气应及时除雪除冰，并采取必要的路面防滑措施。

6）加强经常性和预防性的日常养护，以保障路面及沿线设施良好的技术状况。

7）严禁履带车和铁轮车在沥青路面上直接行驶，如必须行驶，应采取相应保护措施。

4.2.5　沥青路面常见病害的维修应符合下列要求：

1　对各种路面病害应分析其产生的原因，并根据路面的结构类型，设计使用年限，维修季节、气温等实际情况，及时采取相应维修处治措施，防止病害扩大，并应符合沥青路面养护标准。

2　高速公路和一级公路路面病害的维修应采用机械作业，所使用的沥青混合料宜集中厂拌，并采取保温措施，其他等级的公路应逐步提高维修作业的机械化水平。

3　对病害的维修事先应有周密的计划，做好材料准备，保证工序之间的衔接，对坑槽、沉陷、车辙等需将原路面面层挖除后进行机械修补作业的病害，宜当日开挖当日修补，并设置警示标志保障行车安全。

4　修补面积应大于病害的实际面积，修补范围的轮廓线应与路面中心线平行或垂直，并在病害面积范围以外100～150mm。应采取措施使修补部分与原路面联结紧密。

5　在病害的处治中，凡需重新做面层的，其技术要求应符合现行《公路沥青路面施工技术规范》（JTG F40）的规定；凡需重新做基层的，其技术要求应符合现行《公路路面基层施工技术规范》（JTJ 034）的规定。

4.2.6　公路沥青路面罩面应符合下列要求：

1　罩面类型

沥青路面罩面按其功能划分为普通型罩面（简称罩面）、防水型罩面（简称封层）和抗滑层罩面（简称抗滑层）三种。

2　适用范围

1)罩面主要适用于消除破损,恢复原有路面平整度,改善路面性能的修复工作。

2)封层主要适用于提高原有路面的防水性能、平整度和抗滑性能的修复工作。

3)抗滑层主要适用于提高路面抗滑能力的修复工作。

3　材料要求

1)罩面的沥青结合料宜使用性能较好的黏稠型道路石油沥青、乳化石油沥青、改性乳化沥青、改性沥青。

2)矿料应选用耐磨、强度高、水稳定性好的石料。

3)所采用的沥青结合料、矿料规格、各项技术指标应符合现行《公路沥青路面施工技术规范》(JTG F40)和其他有关规范的规定。

4　厚度要求

1)罩面

(1)罩面厚度应根据路段的交通量、公路等级、路面状况、使用功能等综合考虑确定。

(2)当路面损坏状况指数、行驶质量指数在中、良等级,路面仅有轻度网裂时,可采用较薄的罩面层(厚10~30mm)。

(3)当路面破损、平整度、抗滑三项指标都在中等以下,要求恢复到优、良等级时,应采用较厚的罩面层(厚30~50mm)。

(4)一般情况下,高速公路、一级公路罩面宜采用40~50mm的厚度;其他公路可采用较薄的罩面(厚10~40mm)。

(5)各级公路的罩面厚度不得小于最小施工层厚度。

2)封层

(1)交通量较大、重型车较多的路段宜采用厚约10mm的封层。

(2)在中等交通量路段宜采用厚约7mm的封层。

(3)在交通量小、重型车少的路段宜采用厚3~4mm的封层。

3)抗滑层

(1)用于高速公路、一级公路时宜采用不小于40mm的厚度。

(2)用于二级公路时,宜采用中粒式、细粒式沥青混凝土结构,也可采用热拌沥青碎石或沥青表面处治结构,厚度不得小于最小施工层厚度。

(3)用于三级、四级公路时可采用乳化沥青封层结构,厚度可为5~10mm。

4.2.7　公路沥青路面翻修与再生利用应符合下列要求:

1　路面破损严重,采用罩面等措施不能使路面恢复良好的工作状态时,为保证必要的服务功能,应进行翻修并对旧沥青面层尽可能予以再生利用。

2　翻修前,应对需要翻修路段的路面结构、路基土特性和交通量进行调查分析,并按路面补强设计要求或现行《公路沥青路面设计规范》(JTG D50)的规定进行结构厚度设计。

3　如因路基软弱导致路面损坏时,应对软弱路基采取有效措施处治达到质量标准后再修筑基层、面层。

4　热拌和冷拌再生沥青混合料一般运用于翻修养护工程，可用于高速公路和一级、二级、三级公路的中、下面层，以及四级公路的面层。对于一级、二级及三级公路的上面层，以及高速公路中、下面层，必须经试验、总结、评定合格后才能使用。

5　再生沥青混合料的运输、施工和质量管理等技术要求应符合现行《公路沥青路面施工技术规范》(JTG F40)的规定。

4.2.8　公路沥青路面补强应符合下列要求：

1　补强设计：

在现有公路等级不变的情况下，沥青路面因损坏严重、路面结构强度指数(PSSI)不符合要求，应进行路面补强。补强也适用于提高公路等级而进行的改建工程。

1)补强设计应综合考虑由补强厚度导致的纵坡与横坡的调整，以及与沿线结构物的联结等的相互协调，使纵坡线形符合现行《公路工程技术标准》(JTG B01)的要求，否则应改建线形，使其符合标准后再进行补强设计。

2)补强设计中应考虑补强结构层与原路面结构的联结问题。

2　沥青路面补强层材料的类型及结构形式的选择：

1)沥青路面补强层材料类型应按现行《公路沥青路面设计规范》(JTG D50)的规定选取。

2)路面补强结构形式应注意按如下情况进行选择：

(1)高速公路和一级、二级公路宜采用半刚性、热拌或冷拌沥青碎石混合料、沥青贯入式碎石基层加沥青混合料面层的补强结构形式。

(2)三级公路在不提高公路等级的情况下，可采用单层或多层补强结构；当需提高公路等级时，宜采用半刚性基层加沥青混合料面层的补强结构形式。

(3)四级公路可采用单层或多层的补强形式。

3　补强前，应对原有公路的技术状况进行详细调查：

1)调查原有公路路况，如路面破损及病害的情况和程度、路表排水(积水)状况、积雪(砂)状况，路肩采用的加固措施等。

2)调查原有路面设计、施工、养护的技术资料，及从使用开始至改建的间隔时间、使用效果等。

3)调查年平均双向日交通量、交通组成和交通量增长率等。

4)调查路基和路面(行车道)的宽度、路线纵坡、路面横坡、平曲线半径等。

5)原有公路的分段及弯沉调查按现行《公路沥青路面设计规范》(JTG D50)的有关规定进行。

4　补强前，应对原有公路进行适当处治：

1)公路路拱不符合现行《公路工程技术标准》(JTG B01)时，应结合补强设计对路拱进行调整，使其符合规定。

2)对原路面的病害，应视其层位、严重程度和范围，按有关规定进行处治。

5 当基层需补强时,其结构的选择应根据公路等级、交通量大小、材料种类、路基干湿类型、现有路况,以及施工季节、施工机械配备和工期要求等因素综合考虑后确定。补强设计应符合现行有关设计规范的规定。

6 路面的补强应注意与桥涵的良好衔接:

1)路面补强路段内若有桥涵等构造物,在补强前应对其铺装层进行检查。若原有铺装层出现破损,应及时修复。

2)为保证路面与桥涵顶面的纵坡顺适,应综合考虑和重新设计路线纵坡。

7 补强设计中,补强层材料设计参数按新建路面材料设计参数的选择方法进行,并应符合现行《公路沥青路面设计规范》(JTG D50)的有关规定。

4.2.9 公路沥青路面加宽应符合下列要求:

1 路面加宽前,应对原有路面作全面的调查,调查内容同第4.2.8条第3款。

2 加宽方案应根据原有公路等级、线形及交通量等确定。当原有公路线形不需改善,且路基较宽,加宽后路肩宽度符合现行《公路工程技术标准》(JTG B01)时,可在原公路的基础上直接加宽,否则应首先改善和加宽路基;如原有公路因线形较差而需改善,设计时应尽可能利用原有的沥青路面。

3 路基、路面加宽的设计应按现行《公路路基设计规范》(JTG D30)和《公路沥青路面设计规范》(JTG D50)的规定进行。

4 加宽时应处理好新路面与原有路面的纵横向衔接。由于路基宽度不足需对路基尤其是高路堤路基加宽时,还应对加宽部分路基进行加固,避免加宽路面出现不均匀沉降。

5 当路基加宽宽度小于1m时,加宽的路面或基层压实质量不易控制,宜采用单侧加宽的方式。单侧加宽也包括因线形的约束只能在一侧进行加宽的情况。单侧加宽时应调整原有路面的路拱横坡。双侧加宽宜采用两侧相等的加宽方式。当不能采用两侧相等加宽的路面,如两侧加宽宽度差在1m以下时,不必调整横坡;当两侧加宽宽度差超过1m时,应调整路拱横坡。

6 若加宽路面处于路线平曲线处,则应按现行《公路工程技术标准》(JTG B01)规定设置相应的超高和加宽。

7 加宽路面的基层和面层材料应按规定进行试验和配合比设计。

8 当路基路面同时加宽时,路基应加至应有宽度。为使路面边缘坚实,基层宜比面层宽出200~250mm,或埋设路缘石。

4.3 水泥混凝土路面

4.3.1 水泥混凝土路面养护应符合下列要求:

1 做好预防性、经常性的保养和破损修补,保持路面处于良好的技术状况与服务水平。

2 应保持路容整洁，定期进行清扫保洁，清扫频率按本规范第4.2.4条有关要求执行。

4.3.2 水泥混凝土路面的接缝应保持良好，表面平顺。

1 填缝料凸出板面的高度，高速公路及一级公路不得超过3mm，其他等级公路不得超过5mm。

2 填缝料局部脱落、缺损时，应及时灌缝填补；填缝料老化、接缝渗水严重时，应及时进行整条接缝的填缝料更换。填缝料更换前，应清除原接缝内的填缝料和杂物。新灌注填缝料时，应做到饱满、密实、黏结牢固。材料应符合相关规范的规定。

4.3.3 水泥混凝土路面应加强日常巡查，并做好定期检查。

4.3.4 日常巡查是对水泥混凝土路面外观状况进行的日常巡视检查。主要检查拱起、沉陷、错台等病害，以及路面油污、积水、结冰等能诱发病害的因素和可能妨碍交通的路障。

1 巡查频率应不小于1次/d。雨季、冰冻季节和遇台风暴雨等灾害性气候，应加强日常巡查工作。

2 日常巡查可以车行为主，采用观察、目测，及人工计量，定性与定量观测相结合，重要情况应予摄影或摄像。

3 发现妨碍交通的路障应及时清除，一时无法清除的，应采取相应的安全措施。

4 日常巡查结果应及时做好记录。

4.3.5 定期检查是按一定周期对水泥混凝土路面的基本技术状况进行全面检查。主要检查内容按现行《公路技术状况评定标准》(JTG H20)执行。

4.3.6 水泥混凝土路面的养护质量评定等级分优、良、中、次、差5个等级。评定方法按现行《公路技术状况评定标准》(JTG H20)执行。

4.3.7 水泥混凝土路面的养护应符合现行《公路技术状况评定标准》(JTG H20)有关规定。

4.3.8 水泥混凝土路面的养护对策：

1 高速公路及一级公路的路面损坏状况指数评价为优和良，二级及二级以下公路的路面损坏状况指数评价为中及中以上时，可采取日常养护和局部或个别板块修补措施。

2 高速公路及一级公路的路面损坏状况指数评价为中及中以下，二级及二级以下公路的路面损坏状况指数评价为次及次以下时，应采取全路段修复或改善措施。

3 高速公路及一级公路的路面行驶质量指数、抗滑性能指数评价为中及中以下，二级及二级以下公路的路面行驶质量指数、抗滑性能指数评价为次及次以下时,应分别采取措施,改善路面平整度,提高路表面的抗滑能力。

4 路面结构承载能力不满足现有交通的要求时,应采取铺筑沥青混凝土或水泥混凝土加铺层措施,提高其承载能力。

4.3.9 采用整块板更换和板的局部更换处治,应符合下列要求:

1 处治好基层或垫层,并设置横向排水设施。

2 原有拉杆、传力杆应保持顺直、有效。

3 重新浇筑的水泥混凝土强度不应低于原设计强度。

4 重新浇筑的水泥混凝土材料要求、配合比、施工工艺、标准等应符合有关设计与施工规范的规定。

5 修复后的路面平整度,包括接缝在内,用三米直尺检测,高速公路、一级公路应不大于3mm,其他等级公路应不大于5mm。

4.3.10 采用灌浆法和条带罩面法处治裂缝,应符合下列要求:

1 灌浆法处治裂缝主要有压注灌浆、扩缝灌浆、直接灌浆等,应根据病害程度和施工条件等因素进行选择。

2 灌浆材料应具有较好防水性能和足够的强度与湿度稳定性,并应通过试验确定。

3 当采用条带罩面法时,裂缝两侧的切缝应平行于横缝(或纵缝),且距裂缝距离不小于150mm,凿除的混凝土深度以70mm为宜。

4 平整度要求按本规范第4.3.9条第5款执行。

4.3.11 采用注浆法处治板底脱空,应符合下列要求:

1 根据检查结果,确定空隙部位,合理布置注浆孔。

2 注浆材料应具有足够的强度和耐久性,采用沥青类材料时,灌浆压力控制在200~400kPa,水泥类材料控制在1.5~2.0MPa,待其抗压强度达到3MPa时,方能开放交通。

3 注浆效果检查可采取钻孔取芯、超声波或雷达检测等方法。

4 注浆结束后,应将注浆孔及检查孔用水泥砂浆封填密实。

4.3.12 水泥混凝土路面板发生拱起、胀起、坑洞等病害时,应及时采取措施进行处治。

4.3.13 采用机械刻槽法恢复水泥混凝土路面表面功能,应符合下列要求:

1 刻槽深度3~5mm,槽宽3~5mm,槽距10~20mm。

2 纵向刻槽时,应平行于纵缝;横向刻槽时,应平行于横缝。

3 刻槽深度应逐步推进,不求一蹴而就,以免刻槽边缘碎裂。

4.3.14 采用在旧水泥混凝土路面上直接加铺,应符合下列要求:

1 旧水泥混凝土路面上直接加铺的路面种类主要有:素混凝土、钢筋混凝土、钢纤维混凝土、沥青混凝土等,应根据检查、检测结果,针对外部环境和交通量发展状况,按照经济、合理的原则,选择相应的路面加铺层类型。

2 高速公路及一级公路的路面损坏状况指数和行驶质量指数应在良及良以上;二级及二级以下公路的路面损坏状况指数和行驶质量指数应在中及中以上。

3 无论采用何种路面类型,均应对旧路面的病害进行修复处治。

4 新旧路面之间应设隔离层,一般用沥青混凝土、土工布、油毡等。

5 加铺层的路面厚度应通过计算确定,普通水泥混凝土不小于180mm,钢纤维混凝土不小于120mm,钢筋混凝土不小于140mm,沥青混凝土不小于70mm。

6 路面加铺层的纵、横缝位置应与旧水泥混凝土面板一致。

7 路面加铺层的设计与施工,按照相关路面的设计、施工规范规定执行。

4.3.15 采用在旧水泥混凝土路面上分离加铺,应符合下列要求:

1 旧水泥混凝土路面的损坏状况指数和行驶质量指数在中或中以下。

2 旧水泥混凝土板块应充分破碎,或压裂,并稳定无脱空,必要时可采用乳化沥青、水泥浆压注稳定。

3 在旧水泥混凝土板破碎或压裂时,应做好涵洞、地下管道、电缆、排水管等设施的保护。

4 基层的厚度应通过结构设计确定,且不小于最小结构厚度。

5 加铺的基层与面层的设计与施工,按照相关设计、施工规范规定执行。

4.3.16 旧水泥混凝土再生利用时,应符合下列要求:

1 旧水泥混凝土被破碎以后,作为再生混凝土集料使用,其强度应达到二级标准及以上,且最大粒径应为40mm,小于20mm的粒料不能再作为混凝土集料,应筛除。

2 作为基层集料使用,其强度应达到三级标准且集料含量以80% ~85%为宜。

3 用做底基层时,应将混凝土板块充分破碎或压裂,并做到稳定无松动碎块。

4.3.17 水泥混凝土路面的加宽,应符合下列要求:

1 路基加宽应符合公路路基设计、施工规范的有关规定。

2 基层加宽时,新加宽的基层强度不得低于原有水泥混凝土路面的基层强度,并宜采用台阶法搭接。

3 两侧新加宽的水泥混凝土路面宽度差大于1m和单侧加宽时,应调整路拱。如条件许可,应尽可能采取双侧相等加宽方式。

4 在平曲线处,应按现行《公路工程技术标准》(JTG B01)规定设置超高、加宽,原来漏设的,应予补设。

5 路面板加宽处的纵缝应设置拉杆。

6 加宽水泥混凝土面板的强度、厚度、路拱、横缝均应与原设计相同。

7 加宽水泥混凝土路面的施工,应符合相关施工规范规定。

4.4 砌块路面

4.4.1 砌块路面分为水泥混凝土预制块路面及块石路面两大类,其养护应符合下列要求:

1 砌块路面的填缝料应无散失、损坏。

2 砌块路面应保持平整,无严重破碎块。

3 砌块路面应排水良好,无积水。

4 砌块路面应定期清扫保洁。

4.4.2 砌块路面的养护标准,应符合表4.4.2规定。

表4.4.2 砌块路面养护标准

项 目	允许值	说 明
平整度(mm)	≤10	用三米直尺量测
相邻块顶面高度差(mm)	≤5	用钢尺量测,取最大值
最大缝宽(mm)	≤10	用楔形塞尺量测,取最大值
横坡度(%)	±0.5	用水准仪测量
破损率(%)	≤1	量测每1 000m^2中破损块的面积

4.4.3 砌块路面的填缝料修复应符合下列要求:

1 用水泥砂浆做填缝料的,可采用快硬早强砂浆,砂浆强度未达到设计强度的不得开放交通。

2 用砂做填缝料的,应填筑密实,并及时添补。

4.4.4 砌块路面的局部损坏维修,应符合下列要求:

1 破碎砌块应按原材料和原尺寸补换。

2 基层和垫层应压实处治。

3 重铺的砌块宜高出原路面5mm。

4 缝隙内的填料应保持密实、饱满。

4.4.5 砌块路面的破损率大于15%时,应予以翻修。

砌块路面翻修时,应对路基土、路面结构、排水、地下水以及交通量等进行详细调查,并据此进行设计。

4.4.6 砌块路面翻修施工,应符合下列要求:

1 水泥混凝土预制块和石块强度指标应达到设计要求。

2 原有的各种病害应彻底处治。

3 砂垫层厚度以30mm为宜,砂的含泥量不应大于3%。

4 砌块路面两侧应预先设置坚固的边缘约束。

5 应按设计形式铺好第一排砌块,随后的铺砌应与前一排砌块稳固、紧密相靠。

6 约束边缘与砌块间的空隙,应按设计要求镶嵌。不得采用小而薄的切割块填塞。

7 边缘内孔隙镶嵌完毕,应采用平板振动器全面振压砌块表面。振动板的面积宜为0.35~0.5m^2;振动频率以75~100Hz为宜。振压后应在铺砌面上撒砂,用砂填充缝隙,并继续振压2~3遍,即可开放交通。

8 当用水泥砂浆做填缝料时,砌块周边应干净无浮尘,坐浆饱满、密实。水泥砂浆强度未达到设计强度的不得开放交通。

4.5 砂石路面

4.5.1 砂石路面养护应符合下列要求:

1 保持路面平整坚实,防止和修复路面的破损和变形,保持排水良好。

2 养护材料应尽可能就地取材以降低养护成本。

3 路面磨耗层和保护层应保持良好,发现波浪、坑槽、车辙等病害应及时维修。

4 路面与路肩连接处,应保持平整坚实,高差(错台)不得大于20mm。路面与桥涵衔接应平顺,防止跳车。

5 当原有路面磨耗过甚,强度或宽度不足,不能满足交通量增长的需要时,应对路面采取加宽、加厚或翻修措施,提高通行能力。

4.5.2 砂石路面的日常养护工作,主要是保护层的养护(铺砂、扫砂、匀砂),磨耗层的小面积修补,排除路面积水,保持路面整洁。冬季扫雪、除冰时,应注意防止损坏路面结构。

4.5.3 砂石路面出现磨耗层破损、坑槽、车辙、松散、波浪等病害时,应及时修复。

4.5.4 当砂石路面保护层(含松散保护层和稳定保护层)出现大面积损坏或飞散、减薄,磨耗层损坏、松散时,应及时加铺磨耗层和保护层。

4.5.5 当砂石路面强度不足,出现坑槽、车辙既深且多,或破坏面积大,且深达基层,或路面沉陷过剧、路基翻浆严重等时,应进行局部或整段大修。在大修前应分析破坏原因,调查路基稳定性,确定大修方案。

4.5.6 交通量增大或重型车辆增多,原有路面宽度、厚度已不能满足行车要求时,可加宽、加厚原路面。加宽、加厚路面,应根据原有路况及所用材料,做好综合调查,通过设计确定方案。

4.5.7 砂石路面加宽应符合下列要求:

1 应按原路面厚度、材料和操作方法铺筑。

2 根据路基情况,因地制宜,视路肩宽窄确定双边或单边加宽。如路基过窄,则在加宽路基后,再加宽路面。新加宽的路基达到要求的压实度后才能加铺路面。

4.5.8 砂石路面加厚应符合下列要求:

1 按设计要求加厚。加厚层的压实厚度最小不得小于80mm,否则应将旧路表面挖松后与加厚部分一并拌和压实。超过120mm时,应分层铺筑,其上层厚度宜为全部加厚层的40%。

2 加厚部分与原路面的接头处,宜采用5~10m长的缓坡搭接。

4.5.9 砂石路面同时加宽、加厚应符合下列要求:

1 先进行综合调查,并做好设计。

2 先加宽,后加厚。新加厚的路面,可采用同样结构类型。要求做到路面横坡适宜,并做好新旧部分的结合。

3 加宽、加厚的路段稳定后,及时铺筑磨耗层和保护层。

4 加强初期养护,使其早日达到稳定、密实、平整,保证工程质量,特别应注意加宽部分与路肩接合处保持平整,排水顺畅。

4.5.10 在有足够强度和平整度的砂石路面上,为改善路面技术状况,可加铺一层厚度为10~15mm的沥青磨耗层。其施工方法可参照现行《公路沥青路面施工技术规范》(JTG F40)的有关规定执行。

5 桥梁、涵洞与渡口

5.1 一般规定

5.1.1 公路桥涵养护应符合下列要求：

1 桥涵外观整洁。

2 桥面铺装坚实平整、横坡适度。

3 桥头顺适。

4 排水、伸缩缝、支座、护墙、栏杆、标志、标线等设施齐全良好。

5 结构无损坏。

6 基础无冲刷、淘空。

7 与路基不同宽度的小桥，应逐步改建成与路基同宽。

5.1.2 公路桥涵养护工作应贯彻“预防为主，防治结合”的方针，以桥梁结构安全为中心，以承重部件为重点加强全面养护。

5.1.3 应加强桥涵的日常巡查。桥涵日常巡查是桥涵日常养护工作的重要内容之一，应予以充分重视，发现隐患或病害应及时处治。

5.1.4 桥涵构造物的养护，应首先使原结构保持原设计汽车荷载等级的承载要求及设计交通量的通行要求。

5.1.5 桥涵养护工程应重视经济技术方案的比选，并充分利用原有工程材料和原有工程设施，以降低成本。

5.1.6 桥梁管养单位应对辖区内所有桥梁建立“桥梁基本状况卡片”（附录 E 表E-1），将有关信息输入数据库，建立信息化档案。

5.1.7 为利于分析判断桥梁可能发生的病害原因，应在结构正常状况时设置永久性控制检测点。控制检测项目见表 5.1.7。

1 新建大、中桥和特大桥交付使用前，公路管理机构应事先要求在竣工测量时设置便于校验复测的永久性控制检测点。测点的编号、位置（表明距离、高程和地物特征）和竣工测量数据,均应在竣工图上标明,作为验收文件中必要的竣工资料予以归档。

2　没有设置永久性控制检测点的既有大、中桥和特大桥,应在定期检查时按规定补设。测点的布设和首次检测的时间及数据等,应按竣工资料的要求予以归档。

表 5.1.7　桥梁永久性控制检测项目

检测项目		检测点	检测方法
1	墩、台身、索塔锚碇的高程	墩、台身底部(距地面或常水位 0.5～2m 内),桥台侧墙尾部顶面和锚碇的上、下游两侧各 1～2 点	水准仪
2	墩、台身、索塔倾斜度	墩、台身底部(距地面或常水位 0.5～2m 内)上、下游两侧各 1～2 点	垂线法或测斜仪
3	桥面高程	沿行车道两边(近缘石处),按每孔跨中、$L/4$、支点等不少于 5 个位置(10 个点)。测点应固着于桥面板上	水准仪
4	拱桥桥台、吊桥锚碇水平位移	在拱座、锚碇的上、下游两侧各 1 点	经纬仪
说明	①上下行分离式桥按两座桥分别设点; ②倾斜度测点应用于上下相距 0.5～1m 的两点标记检测; ③永久性测点宜用统一规格的圆头锚钉和在铝板上用钢印编号,或靠地固着于被测部件上; ④所有测点的位置和编号,以及检测数据必须在桥梁总体图和数据表中注明,并归档		

3　桥梁主体结构维修、加固或改建工程竣工后,应保持原有的永久性控制检测点,并重新检测一次。

4　桥梁的永久性控制检测点应牢固可靠,按永久性测量标志设定。当与国家大地测量网联网困难时,可建立本桥相对独立的基准测量系统。

5.1.8　加强桥涵档案管理工作。

5.2　桥梁检查

5.2.1　桥梁检查分为经常性检查、定期检查和特殊检查。

1　经常性检查是对桥面设施、上下部结构及其附属设施进行一般性检查,每季度不少于一次,并填写经常性检查记录表(附录 E 表 E-2),汛期应加强不定期检查。特大型桥梁宜采用信息技术与人工作业相结合的手段进行经常性检查。

2　定期检查是桥梁养护管理系统中,采集结构技术状况动态数据的工作。通过定期检查可以对结构的损坏作出评估,评定结构构件和整体结构的技术状况,从而确定特别检查的需求与结构维修、加固或更换的优先排序。

定期检查周期视桥梁技术状况而定,最长不得超过 3 年。新建桥梁缺陷责任期满时,进行第一次全面检查,临时性桥梁每年检查不少于 1 次。定期检查应填写桥梁定期检查记录表,并校核桥梁基本状况卡片(附录 E 表 E-1)。

在经常性检查中发现重要部(构)件的缺损明显达到三、四、五类技术状况时,应安排一次定期检查。

3 特殊检查是查清桥梁病害原因、破损程度、承载能力、抗灾能力,确定桥梁技术状况的工作。

特殊检查分为专门检查和应急检查,在下列情况下应作特殊检查(专门检查):

1)定期检查中难以判明损坏原因及程度的桥梁。

2)桥梁技术状况为四、五类者。

3)拟通过加固手段提高荷载等级的桥梁。

4)条件许可时,特殊重要的桥梁在正常使用期间可周期性进行荷载试验。

桥梁遭受洪水、流冰、滑坡、地震、风灾、漂流物或船舶撞击,因超重车辆通过或其他异常情况影响造成损害时,应进行应急检查。

桥梁特殊检查应根据需要对以下三个方面问题作出鉴定:

1)桥梁结构缺损状况。

2)桥梁结构承载能力,包括对结构强度、稳定性和刚度的验算、试验和鉴定。

3)桥梁防灾能力,包括桥梁抵抗洪水、流冰、风、地震及其他地质灾害等能力的检测鉴定。

5.2.2 桥梁技术状况评定分为一般评定和适应性评定。

1 一般评定是依据桥梁定期检查资料,通过对桥梁各部件技术状况的综合评定,划定桥梁各部件及总体技术状况类别,提出各类桥梁的养护措施。其评定方法应按现行《公路技术状况评定标准》(JTG H20)执行。

2 适应性评定是对桥梁的承载能力、通行能力、抗洪能力周期性地进行评定。评定周期一般为 3 ~6 年。评定工作可与桥梁的定期检查、特殊检查结合进行。

承载能力、通行能力的评定一般采用现行荷载标准及交通量,也可考虑使用期预测交通量。承载能力、通行能力评定方法见有关规定。抗洪能力按本规范第 8 章规定进行评定。

3 对一般评定划定的各类桥梁,分别采取不同的养护对策措施:

一类桥梁进行正常养护;二类桥梁需进行小修;三类桥梁需进行中修,酌情进行交通管制;四类桥梁需进行大修或加固,及时进行交通管制,如限载、限速通过,当缺损较严重时应关闭交通;五类桥梁需要进行加固、改建或重建,及时关闭交通。桥梁技术状况分类标准按现行《公路技术状况评定标准》(JTG H20)执行。

4 对适应性不能满足的桥梁,应采取提高承载力、加宽、加长、基础防护等改造措施。若整个路段有多座桥梁的适应性不能满足,则应结合路线改造进行方案比较和决策。

5 公路旧桥、线路整体评定分为使用价值评定、承载能力评定、通行能力评定、泄洪能力评定。

5.3 桥梁上部结构及桥面系

5.3.1 钢筋混凝土及预应力混凝土桥的养护应符合下列要求：

钢筋混凝土及预应力混凝土桥包括简支梁(板)桥、连续梁桥等,还包括钢管混凝土拱、刚架拱、桁架拱、双曲拱等钢筋混凝土拱桥。

1 及时清除表面污垢;混凝土孔洞、破损、剥落、表面风化以及裂缝应及时修补。

2 钢筋混凝土及预应力混凝土梁桥梁(板)端头、梁体底面、隔板表面应适时清扫,保持清洁,排除积土。

3 箱形截面结构应保持箱内通风,减少因箱内外温差过大可能引起的裂缝。

4 构件裂缝宽度值在允许范围内时应进行封闭处理。

5 当裂缝宽度大于限值时,应采用压力灌浆法灌注环氧树脂胶。裂缝宽度限值见表5.3.1-1。

表5.3.1-1 裂缝宽度限值

<table>
<tr><th>结构类型</th><th colspan="3">裂缝种类</th><th>允许最大缝宽(mm)</th><th>其他要求</th></tr>
<tr><td rowspan="5">钢筋混凝土梁</td><td colspan="3">主筋附近竖向裂缝</td><td>0.25</td><td></td></tr>
<tr><td colspan="3">腹板斜向裂缝</td><td>0.30</td><td></td></tr>
<tr><td colspan="3">组合梁结合面</td><td>0.50</td><td>不允许贯通结合面</td></tr>
<tr><td colspan="3">横隔板与梁体端部</td><td>0.30</td><td></td></tr>
<tr><td colspan="3">支座垫石</td><td>0.50</td><td></td></tr>
<tr><td rowspan="2">预应力混凝土梁</td><td colspan="3">梁体竖向裂缝</td><td>不允许</td><td></td></tr>
<tr><td colspan="3">梁体纵向裂缝</td><td>0.20</td><td></td></tr>
<tr><td rowspan="3">砖、石、混凝土拱</td><td colspan="3">拱圈横向</td><td>0.30</td><td>裂缝高度小于截面高度一半</td></tr>
<tr><td colspan="3">拱圈纵向</td><td>0.50</td><td>裂缝长度小于跨径的1/8</td></tr>
<tr><td colspan="3">拱波与拱肋结合处</td><td>0.20</td><td></td></tr>
<tr><td rowspan="7">墩台</td><td colspan="3">墩台帽</td><td>0.30</td><td rowspan="7">不允许贯通墩身截面一半</td></tr>
<tr><td rowspan="5">墩台身</td><td rowspan="2">经常受侵蚀性水影响</td><td>有筋</td><td>0.20</td></tr>
<tr><td>无筋</td><td>0.30</td></tr>
<tr><td rowspan="2">常年有水,但无侵蚀性水影响</td><td>有筋</td><td>0.25</td></tr>
<tr><td>无筋</td><td>0.35</td></tr>
<tr><td colspan="2">干沟或季节性有水河流</td><td>0.40</td></tr>
<tr><td colspan="3">有冻结作用部分</td><td>0.20</td></tr>
</table>

注:表中所列除特指外适用于一般条件。对于潮湿环境和空气中含有较强腐蚀性气体条件下的缝宽限制,应比表列更严格。预应力混凝土梁指全预应力或部分预应力A类构件。

6 当裂缝发展严重时,应查明原因,采取加固措施。

7 对梁(板)体混凝土的空洞、蜂窝、麻面、表面风化、剥落等应进行修补,并切实防止钢筋因混凝土碳化引起锈蚀。构件缺损严重时,应及时进行修复和加固。

8 中、下承式的吊杆及系杆拱桥采用无混凝土包裹的预应力钢索系杆的养护，参见本规范第5.3.4条。

9 当钢筋混凝土、预应力混凝土梁式桥主梁或拱桥的挠度超过规定的允许值（表5.3.1-2）并有严重发展趋势时，应查明原因，经设计计算进行加固或更换构件。

表 5.3.1-2 桥梁允许挠度值表

桥梁结构类型		最大允许挠度值
钢筋混凝土桥及预应力混凝土桥	梁式桥，梁跨中	$\frac{1}{600}L$
	梁式桥，梁悬臂端	$\frac{1}{300}L_1$
	拱、桁架桥	$\frac{1}{800}L$
混凝土、砖、石拱桥和双曲拱桥		$\frac{1}{1\,000}L$

注：L 为桥跨的计算跨径；L_1 为梁桥悬臂端长度。

5.3.2 圬工拱桥的养护应符合下列要求：

1 及时清除表面污垢及圬工砌体因渗水而在表面附着的游离物。

2 及时疏通泄水管孔，保持桥面及实腹拱拱腔排水畅通。如发现拱桥桥面漏水，应及时修补。主拱圈（肋）若发现渗水，应修补防水层，修理排水管道，堵塞渗水裂缝。

3 主拱及拱式腹拱的拱铰及变形缝应保持正常工作状态。若有损坏应及时修复。

4 当主拱圈（拱肋）或桁架拱、刚架拱、双曲拱构件由于各种原因引起开裂、劈裂、压碎、变形甚至失效时，应分别针对各种情况采取加大截面、粘贴钢板或复合纤维板、变更拱上建筑、更换填料等措施进行加固修复。

5.3.3 钢桥的养护应符合下列要求：

1 及时清除钢结构的表面污垢，保持杆件清洁。

2 更换松动和损坏的铆钉或销子、螺栓。

3 发现连接螺栓松动应及时拧紧，对于高强螺栓应施加设计的预拉应力。

4 焊接连接的构件，焊缝处若发现裂纹、未熔合、夹渣、未填满、弧坑等缺陷时，应进行返修焊，焊后的焊缝应随即铲磨匀顺。

5 钢杆件受到冲击造成局部弯曲时，应及时矫正。

6 及时更换破损桥面板，加铺轨道板或加设辅助横梁。

7 定期对钢桥构件进行防锈、油漆，一般应 1 ~ 2 年进行一次。如钢桥所处环境属严重污染区，则防锈、油漆间隔时间应适当缩短。

8 钢桥杆件如有损坏应及时进行加固或更换。

9 钢—混凝土组合梁桥应防止钢材与混凝土之间的联结因开裂或钢材锈蚀而失效。

5.3.4 悬索桥养护与维修应符合下列要求:

1 悬索桥的索塔视其结构形式可参照钢筋混凝土、预应力混凝土桥或钢桥进行日常养护。

2 主缆各索股的受力应保持均匀,如出现明显偏差、松弛或过紧,应通过索端拉杆螺栓进行调整。

3 防止主缆索股的锚头、锚杆、裸露索股、分索器、散索鞍等锈蚀,涂装防锈油漆的部分应定期涂刷,涂抹黄油的部分应定期加涂,发现剥落、锈蚀应及时处治。

4 主缆索的防护层如有开裂、剥落应及时修复,保持其良好状态。

5 网格式悬索桥,肢杆拉索应保持正常的工作状态。若发现松弛,应调整端头拉杆螺母使其复位。

6 索鞍尘土杂物堆积、积水(雪)及锈蚀应及时清扫和处治。索鞍的辊轴或滑板应保持正常工作状态。

7 锚室及封闭的索鞍罩内应保持干燥。有除湿设备的应保持设备正常工作,发现故障应及时检修。

8 索夹、索鞍、吊杆等的紧固螺栓应保持其原设计受力状态,视其工作情况,每半年至两年定期紧固,若发现松动应及时紧固,如有损坏应及时更换。

9 若吊杆有明显摆动、倾斜或经检查发现其受力变化,应查明原因。若索夹松动,应使其复位并紧固锚栓;若拉杆螺栓松动,应予拧紧;若吊索锚头出现松动,应予更换;因锚具、钢索损坏而超出安全限值的吊杆、锚具、钢索应予更换。吊杆复位后应进行索力检测。

10 吊杆的保护套、止水密封圈、防雨罩等应保持良好,若发现老化、开裂、破损应及时修补、更换。

11 吊杆的减震装置应保持正常工作状态,发现异常或失效应及时检修。

12 未做衬砌的岩石锚室或锚洞,若有表面风化或表面裂纹,应用环氧树脂砂浆或钢丝网水泥砂浆进行处治。

5.3.5 斜拉桥的养护与维修应符合下列要求:

1 斜拉桥梁体和索塔部分的养护,视其结构类型可参照钢筋混凝土桥、预应力混凝土桥及钢桥的相关规定进行。

2 拉索:

1)拉索两端的锚具及护筒应保持清洁和干燥。塔端锚头若漏水、渗水,应及时用防水材料封堵;梁端锚头若漏水、积水,应及时将水排出并封堵水源。

2)定期更换拉索两端锚具锚杯内的防护油。

3)定期更换钢护筒与套管连接处的防水垫圈及阻尼垫圈,做好搭接处的防水处理。

4)定期对索端钢护筒作涂漆防锈处治。

5)若拉索护套出现开裂、漏水、渗水,应及时处治。

6)斜拉索的减震装置应保持正常工作状态,发现异常或失效应及时维修。

7)对因钢索、锚具损坏而超出设计安全限值的拉索应及时进行更换。

8）对索力偏离设计限值的拉索应进行索力调整。张拉的顺序、级次和量值应按设计规定进行，并同时对测定索力和延伸值进行控制。

9）拉索的更换按改建工程进行，应对各方案技术经济的合理性进行分析比选，确定安全、简便的施工方案。竣工后应对全桥斜拉索的索力和主梁高程进行测定，检验换索效果，并作为验收的依据。

3　索塔：

空心索塔的塔内应保持通风干燥。塔内通风、照明系统每年至少检查保养一次，损坏的灯具应及时更换。

4　加强对斜拉桥营运使用阶段的观测，并做好记录，进行数据对比、分析，及时发现问题，消除隐患。

5.3.6　桥面系养护应符合下列要求：

1　桥面铺装：

1）桥面应及时清扫，排除积水，清除泥土、杂物、冰凌和积雪。

2）桥面出现病害，应及时处治。当损坏面积较小时，可局部修补；损坏面积较大时，有条件的可将整跨铺装层凿除，重铺新的铺装层。一般不应在原桥面上直接加铺，以免增加桥梁恒载。

3）桥面防水层如有损坏，应及时修复。

2　排水系统：

桥梁的敞开式或封闭式排水设施（排水管、泄水管、排水槽）应及时疏通，损坏的应及时更换，缺少的应补充。

3　人行道、栏杆、护栏、防撞墙：

1）人行道块件应牢固、完整，桥面路缘石应保持良好状态。若出现松动、缺损，应及时进行修整或更换。

2）桥梁栏杆包括钢筋混凝土及钢质护栏、防撞护栏等，应保持良好的技术状况。如有缺损，应及时修复。因栏杆损坏而采取临时防护措施时，使用时间不得超过3个月。

钢质栏杆应涂漆防锈，一般每年一次，或根据环境实际条件确定。

3）桥梁两端的栏杆柱或防撞墙端面，涂有立面标记或示警标志的，应定期涂刷，一般一年一次，使油漆颜色保持鲜明。

4　桥上灯柱应保持良好状态，如有缺损和歪斜，应及时修理、扶正。灯具损坏应及时更换。

5　伸缩装置：

应及时清除缝内沉积物，拧紧螺栓等。伸缩缝发生松动、翘裂，破损、老化或功能失效，应及时修理、更换。

6　桥头搭板脱空、断裂或枕梁下沉引起桥路连接不顺适，出现桥头跳车时，应进行维修处治，并检查桥台稳定等安全因素。

7　交通安全设施：

桥上的交通标志和标线、防眩板、防护隔离设施、航空灯、航道灯、供电线路、通信线路、避雷设施等应齐全、醒目、牢固,标志板应保持整洁、无裂纹和残缺。若有损坏应及时整修或更换。

5.3.7 桥梁支座养护应符合下列要求:

1 支座各部位应保持完整、清洁。

2 滚动支座的滚动面应定期涂润滑油(一般每年一次)。

3 对钢支座应定期进行除锈防腐。除铰轴和滚动面外,其余部分均应涂刷防锈油漆。

4 及时拧紧钢支座各部接合螺栓,使支承垫板平整、牢固。

5 应防止橡胶支座接触油污引起老化、变质。

6 应及时维护滑板支座、盆式橡胶支座的防尘罩,防止尘埃落入或雨、雪渗入支座内。

7 支座如有缺陷或产生故障不能正常工作时,应及时修整或更换。

8 应防止支座脱空。

5.3.8 特大桥梁养护通道、爬梯、工作电梯应加强养护,如有损坏应及时维修,保障养护人员作业安全。

5.4 桥梁下部结构

5.4.1 墩台基础的养护与加固应符合下列要求:

1 应采取措施保持桥梁墩台基础附近即桥梁上下游各 200m 的范围内(当桥长的 1.5倍超过 200m 时,范围应适当扩大)河床的稳定。

2 若基础冲刷过深或基底局部淘空,应及时抛填块石、片石、铅丝石笼等进行维护。

3 桥下河床铺砌出现局部损坏时应及时维修。

4 对设置的防撞、导航、警示标志等附属设施应加强检查、维护,保持良好的技术状况。

5 当重力式基础或桩基础的承载能力不足,出现超过允许值的沉降,以及基础局部被冲空、墩台周围河床被严重冲刷或因基础病害致使墩台滑移、倾斜时,应对基础进行加固。

简支结构桥梁墩台容许沉降值:

1)墩台均匀总沉降值(不包括施工中的沉降):$20\sqrt{L}$(mm);

2)相邻墩台总沉降差值(不包括施工中的沉降):$10\sqrt{L}$(mm);

3)墩台顶面水平位移值:$5\sqrt{L}$(mm)。

注:L 为相邻墩台间最小跨径,以 m 计。跨径小于 25m 时,仍以 25m 计。

5.4.2 墩台的养护与加固应符合下列要求：

1 保持墩台表面整洁，及时清除墩台表面杂物。

2 当圬工砌体发生灰缝脱落，砌体表面风化剥落或损坏，砌体镶面部分严重风化和损坏，砌块出现裂缝，墩、台表面发生侵蚀剥落、蜂窝麻面、裂缝、露筋等病害，或墩、台混凝土裂缝宽度超过限值时（表5.3.1-1），应根据损坏类型及程度，采取相应的技术措施进行维修处治。

5.4.3 锥坡、翼墙（耳墙）的养护应符合下列要求：

1 锥坡应保持良好。锥坡开裂、沉陷、冲空时，应及时采取措施进行维修加固。

2 翼墙（耳墙）出现下沉、断裂或其他损坏时，应及时维修加固。

5.5 桥梁抗震

5.5.1 桥梁抗震加固应遵循下列原则：

1 地震动峰值加速度为0.10g及以上地区的桥梁，应采取相应的抗震加固措施；地震动峰值加速度小于或等于0.05g地区的桥梁，除特殊规定外，可简易设防。

2 加固后的桥梁必须满足桥梁正常使用情况下的变形要求。

3 对重点桥梁应做好震后抢修准备和预案，争取震后尽快恢复交通。

5.5.2 桥梁抗震检查：地震动峰值加速度为0.10g及以上地区公路桥梁检查的重点是上、下部结构抗震薄弱部位。

1 上部结构的薄弱部位有下列各处：

1）梁式桥：跨中、横梁、支座；

2）拱桥：拱顶、拱1/4跨径处、拱脚及腹拱与立柱联结处；

3）其他形式桥梁：跨中、支座部位，及设计部门提出的抗震薄弱部位。

2 下部结构的薄弱部位有下列各处：

1）墩（台）帽、墩身、台身、基础等相互结合的部位及截面突变处；

2）水中墩（桩）干湿交替易风化的部位；

3）基础冲刷严重的部位；

4）水泥混凝土桥墩（台）的混凝土工作缝处。

5.5.3 梁桥抗震加固的重点是：

1 防止顺桥向（纵向）落梁的抗震加固；

2 防止横向落梁的抗震加固；

3 防止支座破坏的抗震加固。

5.5.4 拱桥抗震加固的重点是：

1 防止拱圈落拱。
2 加强用预制构件(块件)形成的拱圈的整体性。
3 加强拱脚与墩台的联结。
4 对空腹式拱桥立柱间增设横系梁加强联结。

5.5.5 墩、台和基础的抗震加固。

应根据不同情况采用相应的方案,主要有:增强结构的整体性,增强抗滑动、抗倾覆的稳定性,防止地基液化增大地基承载力,加强盖梁、墩(台)身、承台基础的结构承载力。采取以增强整体性和稳定性,增强抗滑动、抗倾覆及抵御台背的土压力等为目的的工程措施。对原未做抗震设防的桥梁墩、台、基础及地基进行加固,对盖梁和承台进行加固。

5.6 超重车辆过桥

5.6.1 组织超重车辆安全通过桥梁应符合下列要求:

1 收集查找桥梁技术档案,现场查看桥梁状况,依据桥梁的技术资料,按超重车辆的实际荷载,对结构进行强度、稳定性、刚度验算。
2 必要时进行荷载试验。
3 对不能满足通行条件的桥梁进行加固处治。当有多条线路可通行时,应选取桥梁技术状况好、加固工程费用低的路线通过。
4 对超重车辆通过桥梁进行现场管理。

5.6.2 超重车辆过桥时,遵守以下规定:

1 一般情况下,超重车辆应沿桥梁的中心线行驶。
2 车辆以不大于5km/h速度匀速行驶。
3 不得在桥上制动、变速、停留。
4 必要时可调整牵引车与平板挂车的行驶间距,或让其分别通过桥梁。
5 超重车辆过桥时,应临时禁止其他车辆及行人通过。
6 超重车辆过桥时,应组织有关技术人员观测桥梁各部的位移、变形、裂缝等,并予记录。必要时,应观测应变、反力等。
7 不宜在行洪等可能发生灾害时通过。

5.7 涵洞

5.7.1 涵洞养护的基本要求是:

1 定期进行检查,发现病害及时修复加固。
2 建立健全完善的技术档案,准确掌握涵洞的技术状况。
3 加强对涵洞的经常性保养、维修,对损坏严重的涵洞应及时加固或改建。

5.7.2 洪水、冰雪前后及汛期应对涵洞进行一次全面检查，掌握变化情况，及时采取正确的养护措施。涵洞经常性检查每季度不少于两次，定期检查2～3年一次。

定期检查时，应现场填写“涵洞定期检查表”（表5.7.2）；实地查明损坏情况，根据涵洞的技术状况，提出日常养护、维修、加固、改建等建议。

表5.7.2 涵洞定期检查表

1. 路线编号		2. 路线名称			3. 涵洞桩号	
4. 养护单位		5. 涵洞类型			6. 检查时间	
7. 序号	8. 部件名称	9. 损坏或需维修情况描述			10. 维修建议（方式、范围、时间）	
（1）	进水口					
（2）	出水口					
（3）	涵身两侧					
（4）	涵身顶部					
（5）	涵底铺砌					
（6）	涵附近填土					
11. 涵洞技术状况总评		好	较好	较差	差	危险
12. 养护方案	日常养护	维修	加固	改建	13. 下次检查时间	年 月
14. 备注						
主管负责人		检查人			检查时间	年 月 日

5.7.3 涵洞日常养护应符合下列要求：

1 保持洞口清洁无杂物，洞内排水畅通，发现淤塞或积雪、积冰应及时疏通和清除。经常积雪或积雪较深的涵洞，入冬前可在洞口外加设栅栏；易发生积冰的涵洞，宜用柴草封住洞口，融雪时及时拆除。

2 涵底铺砌，洞口上下游路基护坡、引水沟、泄水槽、沉沙井发生变形或出现缺口，应及时修理或封塞填平。

3 涵洞进水口的沉沙井和出水口的跌水构造，应适时检查其是否损坏、与洞口是否结合成整体，如有损坏或发现裂隙甚至脱离，应及时修复加固。

5.7.4 对局部损坏及承载力不足的涵洞应及时维修加固或改建,保障通行安全。

5.7.5 当加宽或加高路基后原有涵洞长度不足时,经验算满足承载力要求的涵洞一般进行接长。当路基加宽加高不多时,也可采取加高涵洞上下游端墙的措施。

5.8 漫水桥与过水路面

5.8.1 漫水桥与过水路面应保持桥(路)面平整坚实。

5.8.2 漫水桥与过水路面的行车道两侧应设置整齐、醒目的导向标柱。

5.8.3 漫水桥与过水路面在洪水发生时的漫水期间,在确保安全且漫水深度在允许范围内的前提下,才允许车辆减速通行。允许通车的漫水深度见表5.8.3。

表5.8.3 允许通车的漫水深度

水流速度(m/s)	最大允许通车漫水深度(m)	水流速度(m/s)	最大允许通车漫水深度(m)
<1.5	0.4~0.5	>2.0	0.2~0.3
1.5~2.0	0.4		

5.8.4 漫水桥的日常养护应符合下列要求:

1 加强汛期前的预防性养护,保持导流构造物良好、功能正常、桥孔无淤塞,保持基础的抗冲刷能力。

2 在洪水或流冰到来前,应与气象部门、河道和上游水库管理部门保持联系,了解水文信息,并作出相应安排。

3 在洪水期间,应加强观察和养护,在保证养护人员人身安全的前提下,及时清除堵塞桥孔的漂流物,减少对桥梁安全的威胁。

4 洪水、流冰过后,应及时进行检查,认真记录损毁情况,及时修复,在确认行车具有安全保障后开放交通。

5 其他养护内容和要求参见一般公路桥梁养护的相关部分。

5.8.5 过水路面的日常养护应符合下列要求:

1 保持路面整洁,及时清除淤泥、沙石杂物。

2 及时修复砌石松动、圬工砌体损失等病害。水泥混凝土或砌块路面出现的病害按本规范路面的相关要求修复。

3 及时清除混合式过水路面涵洞内的淤塞,保持排水通畅。

4 当过水路面漫水过深,阻车时间过长、过于频繁时,应逐步进行改善,最有效的措施是改建为普通桥梁。

5.9 调治构造物

5.9.1 导流堤、梨形堤、丁坝、顺坝、格坝和透水坝等调治构造物应切实加强日常养护,保持良好的技术状况。洪水前后应加强巡查,及时清除调治构造物上的漂流物。

5.9.2 调治构造物发生局部损坏或砌体开裂时,应及时进行防护、维修或加固。

5.9.3 对河道改变而增设的护岸工程,应注意坡面有无变化,基础是否牢固,发现缺损及时处治。

5.9.4 通过观察,发现调治构造物的位置不当,数量、长度不合理,不能发挥正常作用时,应在洪水退后进行改善、增建或改建。

5.9.5 因河道变迁、流向不稳定,或因桥梁上、下游河道弯曲形成斜流、涡流危及桥梁墩台、基础、桥头引道时,应因地制宜地增设调治构造物。新增调治构造物的布设应进行多方案比选。调治构造物的增设与加固参见现行《公路工程水文勘测设计规范》(JTG C30)。

5.10 公路渡口

5.10.1 公路渡口养护应符合下列要求:

1 切实做好防洪、防滑、防冻、防火、防风工作,保障安全。

2 引道、码头的路基、路面、桥梁、涵洞和其他人工构造物的养护与维修,按本规范有关章节相关规定执行。

3 公路渡口应设立明显的“渡口管理区”标志及《渡口守则》(或《过渡须知》)标牌。

5.10.2 引道、码头及其附属设施应保持通畅、整洁、稳固,各种设施保持良好、齐全。

引道、码头作业区范围内,如有妨碍渡运安全的碛坝、沙洲、礁石、漂流物以及淤积或冲刷,应及时采取措施处治。大型渡口,应具备水位、风速、风向等观测设施。

5.10.3 渡口船舶(含趸船)及其机械设备,应按船舶及机械养护的相关标准、规范及时进行检查和维修保养,各部件保持良好的技术状况。做好渡运安全工作。

6 隧道

6.1 一般规定

6.1.1 公路隧道养护应符合下列要求：

1 保持隧道外观整洁、隧道内路面平整、衬砌完整无明显开裂和剥落。

2 标志标线清晰醒目,排水系统良好。

3 对结构物及其附属设施(照明、通风、监控等)进行预防性维护和修复,保持良好的技术状况。

6.1.2 公路隧道养护工作的内容包括隧道结构、防排水设施、附属设施的检查和保养、维修、加固以及隧道安全管理等。

6.1.3 加强隧道的日常巡查。隧道日常巡查是隧道日常养护工作的重要内容之一,应予以充分重视,发现隐患及病害应及时处治。

6.2 隧道检查

6.2.1 隧道检查分为经常性检查、定期检查和特殊检查三类。

6.2.2 经常性检查是对隧道及其附属设施的外观状况进行的一般性检查。经常性检查宜采用简单的检查工具进行,及时填写经常性检查记录表(附录 F 表 F-1),并保留必要的照片资料。经常性检查以定性判定为主(附录 F 表 F-2)。

定期检查是按规定周期对隧道的基本技术状况进行全面检查。定期检查宜配备必要的检查工具或设备,进行目测或量测检查,及时填写定期检查记录表(附录 F 表 F-3),并保留必要的照片资料。定期检查时,应依次检查各个结构部位,注意发现异常情况和已有异常情况的发展变化。对于有异常情况的结构,应在其适当位置做出标记绘入“隧道病害展示图”(附录 F 表 F-4),并作出判定(附录 F 表 F-5)。

特殊检查是根据定期检查的结果,或者当隧道内发生重大交通事故、起火爆炸、遭受自然灾害,或发生其他非常事件后,对隧道结构进行详细检查和检测。通过特殊检查,应完整掌握受损情况或病害的详细资料,为采取对策措施提供依据。

6.2.3 高速公路和一级公路隧道的经常性检查频率宜不少于1次/周，其他公路隧道宜不少于1次/月 。在雨季或冰冻季节，应加强经常性检查。平时应加强对隧道的巡查，发现隐患，及时排除。

隧道定期检查频率应不少于1次/年。隧道的特殊检查可根据实际需要安排。

6.2.4 当经常性检查中发现隧道存在异常情况但结论不明确时，应进行定期检查；当定期检查中发现隧道存在异常情况且较严重，但无法判定时，应进行特殊检查。

6.2.5 当经常性检查中发现隧道存在附录F表F-2、表F-5所列A种异常情况，危及行人、行车安全时，应及时采取处治措施。

6.3 隧道养护

6.3.1 隧道日常养护主要包括经常性和预防性养护及对破损的维修等，保持和恢复隧道良好的技术状况，保持隧道外观整洁，隧道内路面平整，衬砌无损坏，标志标线清晰醒目，洞口、洞身无松动岩石和危石，人行和车行横洞清洁畅通，隧道内外排水设施保持良好，人行道或检修道畅通，斜(竖)井和风道保持良好。

6.3.2 在养护过程中，对有衬砌隧道和无衬砌隧道应有不同的侧重面。

当隧道衬砌(洞壁)或洞内路面结构发生病害时，应视病害类型、危害程度，采取注浆、挂网、喷混凝土、增设锚杆、增设仰拱、灌浆、修补或更换衬砌和路面等措施进行处治。修补或更换衬砌(洞壁)、路面时，不得侵占隧道的建筑限界。

6.3.3 隧道的交通标志标线应保持完整、清晰、醒目、交通信息无误。

6.3.4 水下隧道的巡查和检查工作除应符合本规范第6.2节规定外，根据水下隧道的特点，还应对下列各部位作重点检查：伸缩缝、施工缝和裂缝的渗、漏水状况，洞口及洞内铁件有无锈蚀，各种排水设备的运行状况。

6.3.5 水下隧道必须定期进行渗漏水检查。一般应每季度检查一次，并做好检查记录。当隧道内的渗漏水明显时，应定期测量渗漏水的数量(m^3/d)，一般每月测量一次，做好记录，并采取相应措施。

6.3.6 水下隧道内部金属构件设施应定期进行除锈、防腐工作。

6.3.7 隧道病害处治应根据检查结果，针对病害产生的原因，按照安全、经济、合理的原则确定方案。

6.3.8 明洞与半山洞的养护应符合下列要求:

1 当明洞上边坡出现危石或有崩塌可能时,应及时清除或加固,也可进行保护性开挖或采取打抗滑桩等抗滑措施。

2 明洞顶的填土厚度和地表线,应保持原设计状态。当遇边坡塌方形成局部堆积,或遇暴雨、洪水原填土大量流失时,应及时采取措施调整到原有状态,以免产生严重偏压,导致明洞结构变形、损坏。

3 明洞的防水层失效或损坏时,应及时修复。

4 半山洞因部分外露,对飘落的雨雪、泥草杂物以及洞顶坠落的碎石块,应及时清除,并保持边沟畅通。

5 半山洞应及时修复、添补缺损的护栏、护墙。

6 适时检查半山洞周围山体、洞顶围岩及外侧挡墙、边坡的稳定性。

7 半山洞围岩破碎和危石等病害,应本着“少清除、多稳固”的原则进行处治。

6.4 隧道防护与排水

6.4.1 加强和完善隧道的防护设施。如遇山体滑动可能引起隧道破坏和洞口处的边、仰坡坡率与石(土)质不相适应导致坍塌时,应采取相应的工程技术措施,并定期检查其工作状态,发现病害及早处治;隧道处山坡岩石如节理发育、风化严重或有坑穴、溶洞、裂缝时,应对地表采取防护性封闭措施。

6.4.2 必要时增设和完善隧道内外的排水设施,保持隧道内外排水畅通。

6.4.3 隧道内渗漏水的处治应贯彻“预防为主,防、排、截、堵相结合”的综合治理原则。对防水层,纵、横、竖向渗沟,明暗边沟、截水沟、排水横坡、泄水孔等应及时维修,保持排水畅通。

6.4.4 隧道冻害的防治应符合下列要求:

1 高寒地区隧道应注意洞口构造物的防冻保温。防冻层损坏时,可用同样的轻质膨胀珍珠岩混凝土或浮石混凝土修补,必要时应进行改造。无防冻层的,应设法加筑。

2 高寒地区隧道的防冻保温设施应做好保养维护,如有损坏及时维修,保持其使用功能。洞口设有防雪设施的隧道,应做好防雪设施的保养维护,并在大雪降临前完成设施的维修加固;冬季应及时清除洞口处积雪。防冻保温设施的维修保养应不少于1次/年。在北方寒冷地区,应在每次大雪后,对防冻保温设施进行一次检查,发现损坏及时维修。

3 路面出现渗漏水时,应及时处治,将水引入边沟排出,防止结冰。对局部易冻结路段的路面,应适时撒布防冻材料。

6.4.5 水下隧道的排水泵房内应配备备用水泵,并作定期检查和保养、维修,保持其良好状态。

6.5 隧道附属设施

6.5.1 隧道通风：

1 隧道应保持良好的通风，保持 CO、烟雾浓度小于规定的容许值。

1）隧道 CO 容许浓度应按表 6.5.1-1 取值，当为人车混合通行隧道时应按表 6.5.1-2 取值。

表 6.5.1-1 CO 容许浓度 δ（一）

隧道长度（m）	≤1 000	≥3 000
δ（cm^3/m^3）	250	200

注：隧道长度为 1 000～3 000m 时，可按内插法取值。

表 6.5.1-2 CO 容许浓度 δ（二）

隧道长度（m）	≤1 000	≥2 000
δ（cm^3/m^3）	150	100

注：隧道长度为 1 000～2 000m 时，可按内插法取值。

2）隧道烟雾容许浓度应按表 6.5.1-3 取值。

表 6.5.1-3 烟雾容许浓度

设计速度（km/h）	100	80	60	40
烟雾容许浓度 K（m^{-1}）	0.006 5	0.007 0	0.007 5	0.009 0

3）保持隧道通风设施良好，满足隧道内风速不小于 2.5m/s 的要求。

2 通风设施主要包括轴流风机、离心风机、射流风机及其配套设施。通风设施的设备完好率不应低于 98%，在养护中应注意：

1）通风设施应按各种设备的相关操作规程和养护要求进行操作和养护，并使其主要性能指标，如风速、风力、功率、噪声及防护等级等符合产品说明书的要求。

2）选用的风机，在环境温度为 250℃ 情况下其可靠运转时间应不低于 60min。

3）通风设施养护应配备专用电工工具和机修工具，必要时配备风压计、风速计、声级计等。

4）进行通风设施养护维修时，应根据隧道交通流量和通风能力，对交通进行必要的组织和管制。

3 通风设施的日常检查主要是通过观察设备运转有无异常，确定设备是否存在隐患，并及时排除故障。高速公路隧道日常检查不少于 1 次/d，其他公路可按 1 次/（1～3）d 进行。必要时应进行应急检查。

4 通风设施的经常性检修、定期检修、分解性检修可按附录 G 表 G-1 的要求进行。

5 单向交通排烟风速应按 2～3m/s 进行控制，双向交通排烟风速应按 1.5m/s 进行控制。

6.5.2 隧道照明:

1 隧道内照明亮度应满足设计要求。

2 照明灯具的防护等级应不低于 IP65。

3 加设照明设施时,可根据以下原则确定:

1)长度大于 100m 的高速公路、一级公路隧道应设置照明设施。

2)二、三、四级公路的长、特长隧道应设置照明设施;中隧道可根据需要进行设置;交通量较小的短隧道可不设照明设施。

3)未设照明设施的隧道,应在隧道洞门外设置限速标志及减速设施。

4 照明设施养护工具除必备的电工工具、高空作业车、清洁卫生用具外,还应配备照度仪等相关设备。

5 高速公路隧道照明设施的完好率应不低于 95%,其他公路隧道应不低于 90%。当照明光源达到其额定寿命的 90% 时,应进行成批更换,并选用节能光源。

6 照明设施日常检查主要是对设施的使用及损坏情况进行巡检登记。当中间段连续损坏 2 盏以上灯、洞口加强段连续损坏 3 盏以上灯时,应及时进行更换或维修。

7 照明设施的经常性检修、定期检修可按附录 G 表 G-2 的要求进行。

6.5.3 监控和消防:

1 应加强对隧道内监控设施的日常检查,对隧道内各种监控传感器、信息板及信号标识、监控室的各种监视设备进行外观巡检,发现异常及时处治。对监控设施的经常性检修、定期检修可按附录 G 表 G-3 进行。

2 监控设施养护主要指标应按相应设备的产品说明要求进行,高速公路隧道监控设施设备完好率应不低于 98%,其他各级公路隧道应不低于 95%。

3 高速公路、一级公路的长隧道和特长隧道,其他公路的特长隧道监控系统的软件维护每年应不少于两次,其他公路隧道监控系统的软件系统维护每年应不少于一次。维护时应注意软件的修改完善,保障联动运行功能的实现和软件可靠性各项技术措施的落实,严格按操作规程或使用说明进行。

4 高速公路、一级公路的长隧道和特长隧道,应根据需要设置紧急电话、报警装置、排烟设备、消防给水管网及消防器材库等消防与救援设施。高速公路、一级公路的中、长隧道和特长隧道应单独设置存放专用消防器材的洞室,并设置明显标志,对存放的消防器材应定期进行补充、更换;其他公路的长隧道和特长隧道可视具体情况,简化设置,但应在适当位置设置消防器材库。各种消防与救援设施的标志应保持完好、醒目。

5 对消防设备、报警设备和洞外消防设施应加强日常巡视检查,及时处治设施的异常情况。对消防与救援设施的经常性检修、定期检修可按附录 G 表 G-4 进行。在检修期间应有相应的防灾措施。

6 各类消防与救援设备必须保持完好状态。消防设施的设备完好率应达到 100%,

救援设施的设备完好率应不低于98%。

7　隧道内不准存放汽油、柴油等易燃易爆物品。严禁明火作业与取暖。隧道内的紧急停车带、行车(人)横洞、避车洞或错车道不准堆放杂物。

8　高速公路的长隧道和特长隧道、其他公路的特长隧道应针对隧道内可能出现的火灾及交通事故,制订周密的救援计划,并按计划进行不少于1次/年的针对性的实地救援及防灾演习,其他各种设施应与消防救援设施紧密配合。

6.5.4　隧道消音设施设置与养护应符合下列要求:

1　高速公路的长隧道和特长隧道、其他公路的特长隧道原未设置消音设施的,随着交通量增长引起噪声增大,影响正常通行管理时,可根据实测的噪声值,增设消音设施。增设的消音设施,不得侵入隧道建筑限界。

2　消音设施应每月清洁一次,如有损坏应及时修复或更换。

6.6　隧道安全管理

6.6.1　隧道安全管理应包括正常营运及养护作业时和发生事故时的交通组织和安全防护。

6.6.2　隧道洞口周围200m范围内,不得挖沙、采石、取土、倾倒废弃物,不得进行爆破作业及其他危及公路隧道安全的活动。

6.6.3　养护作业的安全防护应包括养护作业机械、养护人员的安全防护。养护作业宜选择在交通量较小时段进行。隧道内的养护作业,应按本规范第11章相关规定进行,养护维修作业控制区经设定后不得随意变更,作业人员不得在作业控制区外活动或将任何施工机具、材料置于养护维修作业控制区以外。

6.6.4　隧道内发生火灾及重大交通事故或坍塌等突发事件时,必须立即报警并按消防等预案进行救助;并配合有关部门到现场处理事故。事后,应尽快清理现场,排除路障,恢复隧道正常通行,并登记相关损失。应认真分析事故原因,恢复或改善隧道的防灾能力。

7 路线交叉

7.1 一般规定

7.1.1 路线交叉范围内,应保持设施良好、排水畅通、通视良好,保障车辆正常通行。

7.1.2 路线交叉范围内属于公路的桥涵等构造物、路基、路面和防撞设施、隔离设施等,应加强检查,发现病害及时维修与加固。

7.1.3 路线交叉处的各种警告、禁令、指示标志和轮廓标、示警标柱、立面标记、标线以及各种安全保障工程设施,应齐全、良好、清晰、醒目。

7.2 立体交叉

7.2.1 公路立体交叉含分离式立体交叉和互通式立体交叉。

7.2.2 公路立交的跨线桥,其桥下净空应保持现行《公路工程技术标准》(JTG B01)规定的净空限界,不得有任何部件侵入。

7.2.3 公路立交的跨线桥桥墩处于路面范围内时,桥墩前后一定范围内(一般为20~30m)应设置柔性防撞设施。

7.2.4 公路下穿式立交采取自然排水的,对其排水沟渠,特别是进水口的窨井和出水口,应加强养护清理,保持排水良好。

7.2.5 公路下穿式立交因地形限制设置机械排水设施的,设备设置应选择在地势较高的位置,防止受淹。排水泵阀和动力设备、排水管道应保持运转正常,并进行定期检修。备用的动力设备也应定期维修保养,并至少每月发动一次并检查其功能。其他配套设施如窨井、沉淀池应及时清淤,排除杂物,以防堵塞管道。

7.2.6 公路下穿式立交积水过深影响车辆安全通行时,应封闭桥下交通,提示、引导车辆绕行,保障安全。

7.2.7 公路上跨式立交的防撞护栏、安全带、栏杆应保持完整。

7.2.8 公路上跨式立交的桥梁,应保持桥面及排水设施(管道)的排水畅通,防止桥面水向下行道任意溢流、渗漏。

7.2.9 立交桥的桥头,设有踏级、阶梯以及人行天桥或地道的,应保持其良好状态。

7.2.10 立交的照明设施、反光标志、防落设施,应经常检查,及时维修和更换,保持其正常良好状态。

7.2.11 当公路与通信线、电力线、电缆、管道、渠道等相交或接近时,各种管线均不得侵入公路建筑限界,并不得妨碍公路交通,不得损坏公路的构造物和设施,也不得妨碍养护作业。并应符合公路路线设计的相关规定。

7.2.12 立体交叉范围内的排水,应与相交公路的排水协调统一,构成完整的排水系统。

7.3 平面交叉

7.3.1 平面交叉间距应满足交织长度、视距、转弯车道长度等的最小距离要求。一、二级公路平面交叉的最小间距应符合表 7.3.1 的规定。当平面交叉间距不能满足要求时,应进行适当调整和归并。

表 7.3.1 平面交叉最小间距

公路等级	一级公路			二级公路	
公路功能	干线公路		集散公路	干线公路	集散公路
	一般值	最小值			
间距(m)	2 000	1 000	500	500	300

7.3.2 除 Y 形交叉外,平面交叉两相交公路斜交角度小于 70°时,可对次要公路在交叉前后一定范围内作局部改线,使交叉的交角不小于 70°。

7.3.3 平面交叉路口应保持通视良好,交叉点前后,各交叉公路的停车视距长度所构成的三角形范围内,应保证通视。

7.3.4 平面交叉应根据交叉公路等级和交通量设置必要的预告、指路或警告、支线减速让行或停车让行等标志、反光突起路标和配套、完善的交通安全设施。

7.3.5 交通量较大的平面交叉路口应加宽路口增加车道或利用标线、导流岛等设施渠化交通。

7.3.6 一级公路与其他等级公路相交的平交路口应设置通行权、优先权明确的标志、标线。

7.3.7 环形交叉中心环岛周围的排水设施应保持良好状态,使排水通畅。中心环岛和导流岛的砌体如有损坏应及时修复。中心环岛应进行绿化美化。

7.3.8 铺有水泥混凝土或沥青混合料路面的公路与无铺装路面的道路交叉处,后者不小于30m的路面应进行铺装;与公路平面交叉的其他道路,包括不属等级公路之列,用于机动车、非机动车及行人通行的道路,应对其公路路面以外5~10m范围进行硬化处理,并及时维护。

7.3.9 公路与铁路相交时,应保持与铁路接茬平顺,以减轻跨越铁路时的跳车。

7.3.10 路线交叉处的长下坡,宜根据实际情况,设置必要的减速设施。

8　公路防灾与突发事件处置

8.1　一般规定

8.1.1　为维护公路的正常交通,应坚持“预防为主、防治结合”的方针,对洪水和流冰侵袭公路造成公路设施的损坏、路面积雪和积沙影响行车安全或阻碍交通,以及各类突发事件损坏公路设施和影响公路使用功能的情况,采取行之有效的措施,予以预防和处治。

8.1.2　应根据当地的水文气候条件、季节特点、公路状况,加强公路防灾(防洪、防冰、防雪和防沙)能力定期检查和观察,分析掌握路段、桥隧的抗灾害能力,采取必要的预防措施。

8.1.3　重要工程和水毁、雪阻、沙阻多发路段,宜事先储备必要的材料和机械设备,一旦发生毁阻,应按先抢通后修复的原则,及时组织抢修。

8.1.4　应建立公路防灾和重大突发事件处置的预案,对可能发生灾害路段,应加强检查、检测,建立各类检查、检测档案,提倡灾害预警体系建设。

8.2　公路防洪与水毁抢修

8.2.1　公路防洪检查应符合下列要求:

1　汛前检查。在每年汛期到来之前,应落实专人对公路及其沿线设施进行防汛抗汛的全面检查,建立健全检查档案,对检查中发现的病害及时处治。

汛前检查的重点是:

1)公路防排水系统;

2)公路上、下边坡和路基的稳定性;

3)各类结构物的稳定性和桥涵的泄洪能力。

2　洪水观测。在汛期应进行必要的水文观测,对照水文资料和实地观察情况判断洪水对公路的危害性,作为今后制订公路改善和加固措施的依据。洪水观测的主要内容是:水位观测、流速观测、河床横断面和冲刷深度观测,以及流向观测等。一般情况下主要进行水位观测。

特大桥、大桥和河床处于不良状态的中桥,洪水观测的主要内容是:桥位处及桥下洪水水位变化、流速、流向、浪高、漂流物等,及河床断面变化的观测。一般情况下桥梁只观测和记录当年的最高水位。

沿河公路受洪水顶冲部位和平曲线凹岸洪水观测的主要内容是:洪水水位、顶冲角(或洪水流向)、流速的观测,并测记洪水前后路基的变化情况。一般情况下主要进行水位观测。

导流堤、丁坝和护岸等调治构造物应观测洪水时的工作情况,重要地段的调治构造物应观测最高洪水位及洪水前后基础附近河床的冲刷深度。一般情况下不进行专门的水位观测。

8.2.2 公路水毁及其防治:

1 公路塌方、滑坡的防治。对可能发生塌方、滑坡的路段,应采取下列措施进行防治:

1)在坍、滑体上方,按其汇水面积及降雨情况,结合地形设置截水、排水沟,防止地表水、地下水流入坍、滑体。

2)设置挡土墙或抗滑桩等,维持土体平衡。

3)种植草皮、表面喷混凝土(水泥砂浆)、砌筑护坡或进行刷坡减轻土体,稳定边坡。

2 泥石流的防治应遵循下列原则:

1)发生频率高的黏性泥石流及规模较大的稀性泥石流路段,经技术经济比较宜改线绕避;无法绕避时应避重就轻选择线路。

2)布设调治构造物,应根据路段和桥梁所在位置,结合地形、沟槽宽度、可能发生泥石流性质、流势及其发展变化规律,综合考虑确定,宜导不宜挑。

3)对于危害性大、涉及面广的泥石流,且当地人类活动、经济建设有可能促使泥石流发育时,宜与有关部门协商,进行工程和生物水土保持相结合的综合治理。

4)在泥石流易形成区,平整山坡、填塞沟缝、修建阶梯和土埂等控制水土流失和滑坍发展。

5)泥石流流通区,在地形、地质及储淤条件较好处,可修建拦挡坝或停淤场。

3 沿河路基水毁的防治可采取设置丁坝、浸水挡土墙、抛石等防治措施。

4 桥梁水毁防治。

1)稳定、次稳定河段上桥梁水毁防治措施,可根据调整桥下滩流、河床冲淤分布的实际需要以及水流流向等分别情况选择修建调治构造物。

2)在不稳定河段上,桥梁水毁防治可根据河岸条件、河床地貌以及桥孔位置等分别情况修建调治构造物。

3)根据跨径大小、墩台基础埋置深度、桥位河段稳定情况,增建基础防护构造物。河床稳定,冲刷范围较小时,宜采用立面防护措施;河床稳定,冲刷范围较大时,宜采用平面防护措施。

8.2.3 公路、桥涵抗洪能力的评定。

1 每隔3~6年应对公路、桥涵进行一次抗洪能力评定。如遇设计洪水及超设计洪水年，宜结合水毁调查于当年进行一次抗洪能力评定。公路可根据水文、地质、路基、路面等条件基本相同的原则，划分成若干路段，按表8.2.3-1进行评定；桥涵以工程为单元，按表8.2.3-2进行评定。

表8.2.3-1 路段抗洪能力评定标准

等级	评定标准
强	1. 路基坚实、稳定，高度达到设计计算高程；路面为半刚性基层、水泥混凝土或沥青混凝土等铺装路面； 2. 边坡稳定、平顺无冲沟；坡度符合规定的高限值（缓）；边坡有良好的防护加固； 3. 边沟、截水沟、排水沟完善，纵坡适度，无淤塞，水流畅通；进出口良好； 4. 支挡结构物布设合理、齐全，完整无损坏，泄水孔无堵塞； 5. 防冲结构物布设合理、齐全，完整无损坏，基础冲刷符合设计
可	1. 路基坚实、稳定，高度低于设计计算高程不超过0.5m；路面为半刚性基层、沥青碎石、沥青贯入式或沥青表面处治等简易铺装路面； 2. 边坡稳定、平顺无冲沟；坡度不低于规定的低限值（陡）；边坡有必要的防护加固； 3. 边沟、截水沟、排水沟完善，纵坡适度，有淤塞但易于清除；进出口良好； 4. 支挡结构物布设合理，有缺损但易于修理，泄水孔基本畅通； 5. 防冲结构物重点布设合理，基础冲空面积不超过10%，结构物无断裂、沉陷、倾斜等变形
弱	1. 路基高度低于设计计算高程达到或超过0.5m，高于次一技术等级的设计洪水高程，无明显沉降；路面为柔性基层、简易铺装路面； 2. 边坡有冲沟或少量坍塌，坡度接近规定的低限值； 3. 边沟、截水沟、排水沟有短缺，或淤塞量较大，或进出口有缺损，影响正常排水； 4. 支挡结构物短缺，或损坏严重，但无倾斜、沉陷等变形； 5. 防冲结构物短缺，或基础冲空面积达10%~20%，或结构物局部断裂、沉陷，但无倾斜等变形
差	1. 路基有明显沉陷，高度低于次一技术等级的设计高程；路面为柔性基层、砂石（无铺装）路面； 2. 边坡沟洼连片，局部坍塌，坡度陡于规定的低限值； 3. 边沟、截水沟、排水沟应设而未设； 4. 支挡结构物应设而未设，或结构物断裂、倾斜、局部坍塌； 5. 防冲结构物应设而未设，或基础冲空面积在20%以上，或结构物折裂、倾斜、局部坍塌

表8.2.3-2 桥涵抗洪能力评定标准

等级	评定标准
强	1. 孔径大小：桥下实际过水面积满足设计排水面积，桥下净空高度、最小净跨符合规定； 2. 孔、涵位置合适，调治构造物设置合理、齐全； 3. 墩、台基础埋深足够，深基础的冲刷深度线在设计冲刷线以上；浅基础已做防护，防护周边的基础深度线在设计冲刷线以上； 4. 墩、台无明显冲蚀、剥落

续上表

等级	评定标准
可	1. 孔径大小:桥下实际过水面积满足设计排水面积,上部结构底高程与计算水位相同,或净跨偏小但不超过规定值 10%; 2. 孔、涵位置略有偏置,设置了调治构造物,其基础冲刷深度线在基底最小埋深安全值的 30% 以内,或调治构造物有局部缺损,河床无大的不利变形; 3. 深基础冲刷深度线在规定的基底最小埋深安全值的 30% 以内;浅基础防护周边冲刷深度线在规定的基底最小埋深安全值的 30% 以内,防护有局部缺损; 4. 墩、台有冲蚀剥落,面积小于 10%,深度小于 20mm
弱	1. 孔径大小:桥下实际过水面积小于设计排水面积 20% 以内,上部结构底高程与计算水位相同,或净跨小于规定 10% ~20%; 2. 孔、涵位置偏置,调治构造物短缺,或调治构造物局部损坏,河床发生严重的不利变形; 3. 深基础冲刷深度线在规定的基底最小埋深安全值的 30% ~60% 内;浅基础防护周边冲刷深度线在规定的基底最小埋深安全值的 30% ~60% 内,或防护体损坏明显; 4. 墩、台冲蚀剥落露筋,面积超过 10%,钢筋严重锈蚀
差	1. 孔径大小:桥下实际过水面积小于设计排水面积 20% 以上,上部结构底高程低于计算水位,或净跨小于规定值 20% 以上; 2. 孔、涵位置偏置,无必要的调治构造物; 3. 深基础的冲刷深度线在规定的基底最小埋深安全值的 60% 以上;浅基础未做防护,冲空面积在 20% 以上; 4. 墩、台冲蚀剥落严重,桩有缩颈,砌体松动脱落或变形

注:计算水位已计入壅水、浪高等。

评定方法可采用现场检查、量测取得数据,按路段、桥涵原有技术等级标准,用现行有关技术规范进行验算评定。

2 当路段、桥涵抗洪能力评定为“强”时,进行正常养护;当路段、桥涵抗洪能力评定为“可”时,除正常养护外,应加强汛期病害观测,采取必要的技术措施,防止病害扩大;当路段、桥涵抗洪能力评定为“弱”或“差”时,路段应针对病害情况分别采取修理、加固或改建等技术措施,桥涵应对照现行《公路技术状况评定标准》(JTG H20)确定其技术类别并采取相应的技术措施。

8.3 公路防冰与防雪

8.3.1 公路防冰、防雪应根据当地的气候条件、公路状况因地制宜实施,分析并掌握公路的抗灾能力,制订必要的预防措施和应急抢修技术方案。重要工程和冰害、雪害多发路段,应制订应急抢修预案,保障公路正常通行。

8.3.2 公路冰害防治应根据灾害特征和以往治理经验,制订经济适用的预防和抢修措施,提高治理效果,降低工程造价,并对预防和治理措施进行全面记录。

1 采取有效措施防止路面积冰,对发生河水漫路造成路面积冰的路段应加强冬季养护,重点防范。路面一旦出现积冰应采取除冰或防滑措施。

2 当路面或结构物表面发生涎流冰覆盖时,应采取措施清除,并查找水源,进行疏导、拦截、排放,避免形成新的涎流冰。

3 当由于气温突变河流解冻产生大量流冰,可能对桥涵墩、桩柱、台和导流坝产生冲击时,应采取措施进行防治。

8.3.3 公路防雪工作应做到:制订防雪工作预案,备好防雪材料和设备,保持防雪设施的良好状态;及时了解现有防雪设施的防护功能,增添必要的防雪减灾设施,切实防治风雪流和雪崩。

8.3.4 风雪流的防治应符合下列要求:

1 公路路基应有利于风雪越过,避免积聚。

2 根据需要增设防风雪设施。

3 公路受风雪流影响形成雪阻时,应及时清除,恢复交通。

4 在冬季风雪流频繁发生的平原和微丘荒野地区,可选择沿公路另建辅道。

8.3.5 在雪季前后,应对防雪崩工程如水平台阶、稳雪栅栏、导雪堤、导雪槽等及时进行检查、维修。

8.3.6 雪崩的防治应符合下列要求:

1 路线(特别是盘山公路)多次通过同一雪崩地带时可选择改线。

2 保护公路上山坡坡面树木,以阻止雪体滑移而形成雪崩。

3 采取铺撒除雪材料、机械(炮轰)等措施破坏雪体,降低形成雪崩的可能性。

8.4 公路防沙

8.4.1 公路防沙治沙的原则是:预防为主、防治结合;固、阻、输、导结合;坚持日常维护,及时处治沙害。

8.4.2 公路风沙防治工程措施应符合下列要求:

1 工程防护措施有固、阻、输、导等方法,可单独使用,也可几种方法配合使用。

2 "固"是增加地表粗糙度,应采用各种材料作覆盖物,或设置各种沙障,将贴地层风速控制在起风沙之下或用不易被风吹的物质把沙粒与风隔离。固沙措施详见附录 H。

3 "阻"是阻滞风沙流,拦截过境流沙,切断沙源。应利用各种材料,在迎风路侧设置人工障碍物,减少和抑制沙丘前移,减轻或防止流沙对公路的危害。

4 "输"是通过改变建筑物的几何形态,采取措施增大通过建筑物的风动沙运移强度,使原饱和风沙流在通过建筑物时处于非饱和状态,从而不产生沙的停留。

5 “导”是通过导风工程设施改变气流方向,采取各种措施引导风沙流所挟的沙改变沉积部位,从而使建筑物本身免遭风沙危害。

8.4.3 植物固沙措施(生物防沙)应符合下列要求:

植物固沙措施是利用植物的生态特点防止沙移并且达到沙漠稳固的一种措施,包括固结活动沙丘、阻沙、稳定边坡以及设置沙地林带。

1 应采用耐风蚀和沙埋、耐旱、耐盐的防沙植物。

2 对于大范围的固沙,应以种植低矮的灌木或半灌木为主,其种植范围在路基的上风侧应不小于500m,下风侧不小于200m。

3 对于大面积防沙,可设置防风沙林带。林带可由草、灌木、乔木合理结合种植。林带至公路的最短距离,迎风面应不小于100m,背风面不小于50m。

4 防沙植物的选择应根据沙层情况及地下水位的深浅,合理选择适合生长的物种。

8.4.4 沙漠地区公路养护与维修应符合下列要求:

1 加强全面养护。在养护好公路本身的同时,应加强公路防沙治沙设施的养护与维修。

2 及时消除可能导致公路沙害的因素,加强对沙害隐患的防治。

3 掌握养护路段的气候规律,加强风期的养护,公路发生沙害应及时排除。

4 对重大沙害路段的养护应集中力量,尽快排除因沙害引起的阻车现象。

5 公路遭沙埋后,应及时清除干净,并将沙子搬运到公路下风侧的洼地或20~30m外地形开阔处摊平撒开,严禁堆弃在迎风面或路肩上。

6 加强对沿线机械沙障、阻沙堤和下导风栅板等防沙设施的检查。发现损坏,应及时维修、扶正及抽拔提高,或适当调整位置及必要时加设。

7 对路基两侧栽植的草木应加强培育管理,对风蚀严重、根系裸露的应及时扶正,重新埋好,并做好浇水、补苗、除虫、整枝或间伐工作。

8.5 突发事件处置

8.5.1 对公路突发事件的处置应做到快速反应,准备充分,组织有力,处置得当,最大限度降低灾害损失。

8.5.2 对各类公路突发事件应建立应急预案。

8.5.3 应急预案的主要内容应包括:组织领导体系;应急抢险队伍;人、材、物及资金的保障;信息报告制度;临时交通组织方案;抢险工程措施等。

8.5.4 应对公路重要设施建立灾害预警体系，以切实掌握公路设施在运行过程中的使用状态，尽可能减少突发事件的发生，达到公路设施隐患治早、治小、治了的目标。

8.5.5 当公路及其沿线设施发生因自然或人为因素造成严重损坏影响交通或造成人身伤害的重特大突发事件时，应积极采取应急措施，避免灾害扩大，做好灾后工程修复工作。

9 交通工程及沿线设施

9.1 一般规定

9.1.1 交通工程及沿线设施包括:交通安全设施、公路机电系统(监控系统、收费系统、通信系统、供配电系统)、服务设施及养护房屋等。

9.1.2 交通工程及沿线设施应遵循"保障安全、提供服务、利于管理"的原则,保持完整、齐全和良好的工作状态。

9.1.3 各种设施应加强养护,及时维修和更换损坏部件。设施不全或设施设置不合理的,应根据公路性质、技术等级和使用要求,有计划、有步骤地补充和完善。

9.2 交通安全设施

9.2.1 基本要求

1 交通安全设施的养护内容包括:检查、保养维护和更新改造。检查包括经常性检查、定期检查、特殊检查和专项检查。平时应加强日常巡查。

2 经常性检查的频率不少于1次/月;定期检查的频率不少于1次/年;遭遇自然灾害、发生交通事故或出现其他异常情况时,应及时进行附加的特殊检查;设施更新改造之后,应进行全面的专项检查。

3 应结合设施特点,加强对交通安全设施的养护维修和更新改造。

4 交通安全设施的养护应满足设施完整和外观质量、安装质量、技术性能等各项质量的要求。

5 因交通事故、自然灾害或其他原因造成的设施损伤应及时进行修复。

6 采用常青绿篱和绿色植物进行隔离和防眩时,参照本规范公路绿化的相关规定进行养护。

7 对于事故多发路段和一些特殊路段,应结合公路安全保障工程的技术内容,及时改造完善各种交通安全设施。

8 交通安全设施的养护质量参照现行《公路技术状况评定标准》(JTG H20)进行评定。

9.2.2 交通标志

公路交通标志的养护应符合下列要求：

1 应保持交通标志设置合理、结构安全，版面内容整洁、清晰。

2 标志板、支柱、连接件、基础等标志部件应完整、无缺损且功能正常。

3 标志应无明显歪斜、变形，钢构件无明显剥落、锈蚀。

4 标志面应平整，无明显褪色、污损、起泡、起皱、裂纹、剥落等病害。

5 标志的图案、字体、颜色等应符合相关标准要求。

6 反光交通标志应保持良好的夜间视认性。

9.2.3 路面标线

路面标线的养护应符合下列要求：

1 具有良好的可视性，边缘整齐、线形流畅，无大面积脱落。

2 颜色、线形等应符合相关标准要求。

3 反光标线应保持良好的夜间视认性。

4 重新画设的标线应与旧标线基本重合。

9.2.4 突起路标

突起路标的养护应符合下列要求：

1 突起路标应无严重的缺损。

2 破损的突起路标应不对车辆、人员等造成伤害。

3 突起路标应无明显的褪色。

4 突起路标的光度性能应保持其在夜间良好的视认性。

9.2.5 轮廓标

轮廓标的养护应符合下列要求：

1 轮廓标应进行表面清洗。

2 轮廓标应无缺损。

3 轮廓标应无明显的褪色。

4 轮廓标的光度性能应保持其在夜间良好的视认性。

9.2.6 护栏

护栏的养护应符合下列要求：

1 波形梁钢护栏

1）保持波形梁钢护栏的结构合理、安全可靠。

2）护栏板、立柱、柱帽、防阻块（托架）、紧固件等部件应完整、无缺损。

3）护栏质量符合相关标准要求。

4）护栏的防腐层应无明显脱落，护栏无锈蚀。

5)护栏板搭接方向正确,螺栓紧固。

6)护栏安装线形顺畅,无明显变形、扭转、倾斜。

2　水泥混凝土护栏

1)保持水泥混凝土护栏线形顺畅、结构合理。

2)水泥混凝土护栏应无明显裂缝、掉角、破损等缺陷。

3)水泥混凝土护栏使用的水泥、砂、石、水、外加剂、钢筋等材料质量应符合相关标准、规范及设计要求。

4)水泥混凝土护栏的几何尺寸、地基强度、埋置深度,以及各块件之间、护栏与基础之间的连接应符合设计要求。

3　缆索护栏

1)缆索护栏各组成部件应无缺损。

2)缆索护栏各组成部件应无明显变形、倾斜、松动、锈蚀等现象。

3)缆索护栏使用的缆索、立柱、锚具等材料质量应符合相关标准、规范及设计要求。

9.2.7　隔离栅

隔离栅的养护应符合下列要求:

1　应保持隔离栅完整无缺,功能正常。

2　隔离栅金属网片、立柱、斜撑、连接件、基础等部件应无缺损。

3　隔离栅质量应符合相关标准要求。

4　隔离栅应无明显倾斜、变形,各部件稳固连接。

5　隔离栅防腐涂层应无明显脱落、锈蚀现象。

9.2.8　防眩设施

防眩设施的养护应符合下列要求:

1　防眩板、防眩网等防眩设施应保持完整、清洁,具有良好的防眩效果。

2　防眩设施应安装牢固,无缺损。

3　防眩设施应无明显变形、褪色或锈蚀。

4　防眩设施的质量应符合相关标准要求。

9.2.9　其他交通安全设施

1　应保持里程碑、百米桩、道口标柱、公路界碑、防落网、锥形交通路标、公路防撞桶、减速垫、安全岛、平曲线反光镜、声屏障、示警标柱等交通安全设施的清洁完整和功能正常。

2　应选择恰当和可行的方法对里程碑、百米桩、道口标柱、公路界碑、防落网、锥形交通路标、公路防撞桶、减速垫、安全岛、平曲线反光镜、声屏障、示警标柱等交通安全设施进行养护。

9.3 公路机电系统

9.3.1 公路机电系统包括监控系统、收费系统、通信系统、供配电系统等，其维护质量标准参照现行《公路工程质量检验评定标准(机电工程)》(JTG F80/2)执行。

9.3.2 定期对监控系统的地图屏、投影显示屏、计算机系统、区域控制器、匝道控制器、车辆检测器、可变信息标志、闭路电视、气象检测仪，交通调查数据采集设备，隧道照明、风机、消防喷淋等设备的控制系统的工作环境、状态和性能进行检查、检测和维护。

9.3.3 应定期对收费系统的车道控制器、闭路电视、对讲系统、显示器、键盘、IC(磁)卡发卡机、IC(磁)卡读写器、票据打印机等收费车道亭内设备，和电动栏杆机、费额显示器、摄像机、手动栏杆、电源线、雨棚信号灯、车道通信灯、雾灯、车辆检测器、不停车收费系统的路侧读写单元和天线控制器等设备进行检查、检测和维护。

9.3.4 应定期对通信系统的光电缆传输线路、数字传输系统(包括准同步数字系列PDH、同步数字系列 SDH)、数字程控交换机、IP 网络设备、紧急电话系统和无线通信系统进行检查、检测和维护。

9.3.5 应定期对公路专用的供配电系统(包括高压配电装置、电力变压器、低压配电装置、配电线路和照明设备等)进行检查、检测和维护。

9.3.6 应认真做好公路机电系统的检查、检测和维护工作记录。公路机电系统各设备的检查、检测及维护的主要项目和周期参见附录 I。

9.4 服务设施

9.4.1 服务设施包括服务区、停车区和收费站、加油站等的土建及附属设施，以及公共汽车停靠站等设施。

9.4.2 服务设施的配置应符合相关要求。

9.4.3 服务设施的养护应符合下列要求：

1 及时清扫场地，清除场内杂物，清理疏通排水设施。保持服务区内环境的整洁卫生。

2 定期检查消防设备的数量及完好情况。灭火器药剂必须定期更换。

3 服务区内的道路、房屋、立体交叉、交通标志和标线、绿化、通信等设施的养护与维修,参照本规范有关章节的规定执行。

9.5 养护房屋

9.5.1 养护房屋的设置应满足公路养护生产和管理需要。养护房屋内应配备通信设备等各种必要的生产、生活、消防设施。

9.5.2 养护房屋及周围环境应布局合理,整洁美观,设施适用、方便,并保持排水畅通。

9.5.3 养护房屋应定期检查、维护,及时修复损坏部分。

10　公路绿化与环境保护

10.1　一般规定

10.1.1　公路绿化应贯彻“因地制宜、因路制宜、适地适树”的方针，科学规划，合理选择绿化植物品种。

公路绿化规划，应根据公路等级、沿线地形、土质、气候环境和绿化植物的生物学特性，以及对绿化的功能要求，结合地方绿化规划进行编制。

10.1.2　新、改建公路的绿化工程应与公路主体工程设计、施工、验收同步进行，由公路养护部门一并接养。

10.1.3　公路绿化栽植成活率、保存率指标，不同类型区应分别符合下列要求：

1　平原区：成活率达90%为合格，95%（含）以上为优良；保存率达85%为合格，90%（含）以上为优良。

2　山区：成活率达85%为合格，90%（含）以上为优良；保存率达80%为合格，85%（含）以上为优良。

3　寒冷草原区及沙、碱、干旱区：成活率达75%为合格，80%（含）以上为优良；保存率达70%为合格，75%（含）以上为优良。

10.1.4　公路绿化植物应定期进行修剪、整形，加强病虫害防治。

10.1.5　公路环境保护应贯彻“预防为主、防治结合、综合治理”的方针，保护和改善、提高公路环境质量。

10.2　栽植与管护

10.2.1　不同等级和不同路段公路绿化，应分别符合下列要求：

1　高速公路、一级公路的中央分隔带宜种植灌木、花卉或草皮。服务区应结合当地环境、景观要求，另行设计，单独实施。

2　二级及二级以下公路，宜采用乔木与灌木相结合的方式，并充分体现当地特色。

3　平面交叉在设计视距影响范围以内，不得种植乔木；在不影响视线的前提下，可栽植常绿灌木、绿篱和花草。

4 小半径平曲线内侧不得栽植影响视线的乔木或灌木,其外侧可栽植成行的乔木,以诱导汽车行驶,增加安全感。

5 立体交叉分割形成的环岛,可选择栽植小乔木或灌木,实现丛林化。互通式立体交叉的匝道转弯处构成的三角区内,应满足通视要求。

6 隧道进出口两侧 30 ~ 50m 范围内,宜栽植高大乔木,尽可能形成隧道内外光线的过渡段,以利车辆安全行驶。

7 桥头或涵洞两头 5 ~ 10m 范围内,不宜栽植乔木,以免根系破坏桥(涵)台。

10.2.2 不同类型地区的公路绿化,应分别符合下列要求:

1 山区:应实施具有防护功能的绿化工程,如防护林带、灌木、草皮护坡等。

2 平原区:应栽植单行或多行防护林带。

3 草原区:应在线路两侧栽植以防风、防雪为主的防护林带。

4 风沙危害地区:以营造公路防风、固沙林带为主,栽植耐干旱、根系发达、固沙能力强的植物品种。

5 盐碱区:应选择抗盐碱、耐水湿的乔木、灌木品种,配栽成多行绿化带。

6 旅游区:通往名胜古迹、风景区、疗养休闲区、湖泊等地的公路,应注重美化,营造风景林带,可栽植有观赏价值的常绿乔木、灌木、花卉以及珍贵树种和果树类。

10.2.3 公路绿化植物的栽植应符合现行《公路工程技术标准》(JTG B01)关于公路建筑限界的规定,乔木和灌木的株行距可根据不同的树种、冠幅大小选择。

10.2.4 绿化植物成活后到郁闭前,应加强抚育管理,及时检查、补植、浇水、除草、松土、施肥、整形等。绿化植物郁闭后,应及时修剪抚育。

10.2.5 加强公路绿化巡查,根据各类绿化植物病虫害发生、发展和传播蔓延的规律,及时采取相应防治措施,保障绿化植物正常生长。每年春季或秋季,宜在乔木树干上距地面 1 ~ 1.5m 高度范围内刷涂白剂。

防治绿化植物病虫害应以预防为主,开展生物、化学防治与营林措施相结合进行综合防治。应贯彻“治早、治小、治了”的防治方针。严格苗木检疫制度,消灭越冬虫卵、蛹,烧毁落叶虫婴、虫茧,及时消除衰弱、病害植株。

10.2.6 绿化公路的乔木、灌木、花草及防护林、风景林等,不宜在较长路段内采用同一绿化植物品种,应分段轮换栽植不同品种,以减少病虫害的传播和蔓延。

10.2.7 严格遵守《中华人民共和国森林法》,任何单位和个人不得擅自砍伐、破坏公路绿化。公路绿化符合下列情况之一者,方可履行报批手续经批准后采伐或更新:

1 公路路树过密且不宜移植,需进行抚育采伐的;

2 经有关部门鉴定,树木确已进入衰老期或品种严重退化的;

3 公路改建或加宽需采伐原有公路绿化的;

4 公路树木发生大规模病虫害,经有关部门鉴定确需采伐或更新的;

5 生长势弱,绿化效果差,影响路容路貌的。

10.2.8 公路绿化采伐证须按有关规定程序办理。经批准采伐公路绿化,必须按采伐证规定的树种、数量、路线长度,在规定的时间内采伐,不得超量或超期采伐。公路改建需采伐的树木,如有移植价值,应尽可能移植利用。路树经采伐形成的空白路段应在其后的第一个绿化季节及时补植,并加强管护。

严禁无证采伐。但在非常时期,如遇战备、救灾、水毁抢修等特殊情况,为保障公路通行,可先行砍伐,后补办有关手续。

10.2.9 为了掌握公路绿化的发展变化情况,积累资料,应建立公路绿化档案。

10.3 环境保护

10.3.1 公路及沿线设施周围环境的保护应符合下列要求:

1 公路环境保护应与公路建设和养护相结合,开发和利用环境。

2 公路环境保护应体现经济效益、社会效益,各种环境保护设施应因地制宜,做到技术可行、经济合理。

3 公路养护工程应以维护生态、降低污染、保护沿线环境为目标,对施工与营运期产生的污染应采取相应的处治措施。

4 位于自然保护区、水源保护地、森林、草原、湿地和野生生物及其栖息地的公路,养护作业时应妥善处理施工废料、废水。废方弃置应注意保护自然水流形态,避免阻塞河道水流或造成水土流失。废水不得直接排入饮用水体和养殖水体。

5 增强生态保护和水土保持意识,保护生态资源,少占土(耕)地,做好公路用地范围内的水土保持工作。对公路用地范围内环境脆弱、地质灾害易发路段,应采取生物、工程等综合措施,做好防护工作;对边坡、荒地的水土流失,应做好治理工作。

10.3.2 公路养护应注意防治下列生活环境污染:

1 养护施工作业噪声对声环境的污染;

2 搅拌站(场)的烟尘、施工扬尘、路面清扫扬尘对环境空气的污染;

3 公路服务区等的生活污水、路面径流、施工废水和废渣等对水环境的污染;

4 养护施工中的废弃物对环境的污染。

10.3.3 公路养护环境污染防治应采取下列有效措施:

1　积极试验和采用无污染或少污染环境的新工艺、新技术、新产品。在路面养护施工中,应积极推广再生、快速修补等环保工艺,减少工程废料。

2　环境空气污染防治应结合景观绿化,选择有吸附或净化能力,适合当地气候、土壤条件的花草、灌木和乔木。在用地许可时,宜种植多层次的绿化林带。

3　沥青混合料一般应集中场站搅拌,其设备污染物排放应符合现行《沥青工业污染物排放标准》(GB 4916)的有关规定。

4　石灰、粉煤灰等路用粉状材料运输和堆放应有遮盖,有条件时其混合料应集中拌和,减轻对空气、农田的污染。

5　养护作业应考虑对施工路段及便道适时洒水,减轻扬尘污染。

6　公路服务区、停车区等产生的废水排放应符合现行《污水综合排放标准》(GB 8978)的有关规定。

10.3.4　公路养护作业应采取有效措施,减少对生态环境、水环境、声环境、环境空气、社会环境的影响,并注意保护公路沿线文物古迹。

11 公路养护作业安全

11.1 一般规定

11.1.1 公路养护维修作业必须保障养护维修作业人员和设备的安全，以及车辆的安全运行。在进行养护维修作业前，应制订安全保障方案。

11.1.2 公路养护维修作业单位应建立安全管理制度，实施对养护维修作业人员的安全培训和教育。养护维修作业人员必须接受安全技术教育，遵守各项安全技术操作规程。

11.1.3 公路养护维修作业单位或经营单位应加强养护维修作业安全的管理。各级公路管理机构应加强对养护维修作业安全的监督和检查。

11.1.4 养护维修作业的安全设施在未完成养护维修作业之前应保持完好，任何人不得随意撤除或改变安全设施的位置，扩大或缩小控制区范围，以保证养护维修作业控制区的安全。

11.2 养护作业安全

11.2.1 凡在公路上进行养护维修作业和管理的人员必须穿着带有反光标志的橘红色工作服装。

11.2.2 公路路面养护维修作业应按作业控制区交通控制标准设置相关的渠化装置和标志，必要时应指派专人负责维持交通。在可能发生山体滑坡、塌方、泥石流及高路堤、陡边坡等路段养护维修作业，必要时应设专人观察险情，严防安全事故发生。

11.2.3 养护维修作业人员应在控制区内作业和活动，养护机械或材料不得堆放于控制区外。

11.2.4 公路桥梁、涵洞、隧道养护现场，应专门设置养护维修作业的交通标志。在桥梁栏杆外侧和桥梁墩台进行养护维修作业时，必须设置有效的安全防护设施，作业人员必须系安全带。

11.2.5 在隧道内进行养护作业时,除遵守第 11.1.4、11.2.3 条规定外,还应遵守以下规定:

1 养护施工路段内的照明应满足要求,并设置必要的安全设施。

2 注意观察和控制隧道内的有害气体浓度,做好通风工作。

3 隧道内禁止存放易燃易爆物品,严禁烟火。

4 电子设施等对维护安全有特别要求的,应按相关安全规程执行。

11.2.6 特殊条件下的养护维修作业应符合下列要求:

1 高温季节实施养护作业,应按劳动保护规定,采取防暑降温措施,并适当调整作息时间,尽量避开高温时段。

2 冬季养护维修作业时应采取保温防冻等安全防护措施,除雪作业时应加强交通管制,并对作业人员、作业机械加强防滑措施。

3 雨季养护维修作业应做好防洪排涝工作,加强防水、防漏电、防滑、防坍塌等措施。如遇暴风雨应停止作业。

4 大雾天不宜进行养护维修作业,当必须进行抢修作业时,应采取封闭交通,并在安全设施上设置黄色施工警告灯号等安全设施。

5 夜间养护维修作业,现场必须设置符合操作要求的照明设备。

11.2.7 山区养护维修作业时,应遵守下列规定:

1 在视距条件较差或坡度较大的路段进行养护维修作业,必要时应设专人指挥交通,作业控制区应增加有关交通安全设施。

2 控制区的施工标志应与急弯标志、反向标志或连续弯标志等并列设置。

3 在同一弯道不得同时设置两个或两个以上养护维修作业控制区。

4 养护维修作业人员在作业时应戴安全帽。

11.2.8 清扫、绿化养护及道路检测作业,应遵守下列规定:

1 严禁在能见度差(如夜间无照明设施、大雾天)的条件下进行人工清扫。

2 高速公路和一级公路路面清扫应以路面清扫车进行机械清扫为主,二级及二级以下公路路面清扫可以机械清扫和人工清扫相结合,当进行人工清扫路面时,应采取安全防护措施。

3 凡需占用车道进行绿化作业时,必须按作业控制区布置要求设置有关标志。

4 高速公路、一级公路中央分隔带、边坡绿化浇水作业时,浇水车辆尾部应安装发光可变标志或按移动养护维修作业控制区布置。

5 道路检测车、路面清扫车、护栏清洗车等在高速公路、一级公路进行道路性能检测和作业时,凡行进速度低于 50km/h 时,应按临时定点或移动养护维修作业控制区布置,或在设备尾部安装发光可变标志。

11.2.9 加强养护维修机具的操作安全防范和维修保养。养护机械的操作、维修和保养按有关规定执行。

11.2.10 养护维修作业控制区由警告区、上游过渡区、缓冲区、工作区、下游过渡区和终止区组成。

各项养护维修作业控制区的布置位置和长度应保证公路养护维修作业人员、设备和过往车辆的安全。

11.2.11 养护维修作业安全设施的设置与撤除应遵守以下程序:当进行养护维修作业时,应顺着交通流方向设置安全设施;当作业完成后,应逆着交通流方向撤除为养护维修作业而设置的有关安全设施,恢复正常交通。

12 技术管理

12.1 一般规定

12.1.1 公路养护应加强技术管理,严格遵守和贯彻执行有关公路技术标准、规范和规程,以提高公路养护质量和服务水平。

12.1.2 公路养护技术管理的内容包括:公路养护信息化管理、养护工程管理、公路检查和档案管理等。

12.1.3 公路养护技术管理应本着服务及保畅的原则,大力推行技术创新和制度创新,不断提高公路养护技术水平和管理水平。

12.1.4 各级公路管理机构应建立健全公路养护管理制度,依靠现代科技手段,逐步建立公路养护信息化管理平台。

12.2 信息化管理

12.2.1 公路养护技术管理应建立公路数据库作为基础平台,所有公路基本信息采用计算机进行储存和管理。各地公路管理机构应根据现行有关公路数据库标准的要求,逐步建立完善省、市、县各级公路数据库系统。

12.2.2 公路数据库的内容应包括公路几何数据、路面结构数据、公路养护历史数据、交通量和轴载数据、桥涵及路基防护构造物数据、安全保障工程设施数据、绿化植物数据、路域环境数据等基本数据资料,以及路面结构强度、路面破损、路面平整度和路面抗滑等路面状况数据和交通事故数据。

12.2.3 公路基本数据采集以公路竣工文件为主要依据,并结合现状调查进行。当公路大修或改建后,数据应及时进行更新。路面状况数据应现场采集,并应尽量采用高效检测仪器进行数据采集。

12.2.4 公路数据信息包括:文字信息、数字信息和图片信息。数据的采集和整理以路段(一般为1km)为单位。路域环境信息除文字和数字信息外,宜每百米拍摄一张全景式数码照片作为图片信息存入数据库。路域环境图片信息也可用前方图像系统采集的连续录像信息代替。

12.2.5 各地应创造条件在公路数据库的基础平台上,根据需要建立起地理信息系统(GIS)以及路面管理系统、桥梁管理系统、隧道管理系统、公共信息服务系统等应用系统。

12.3 养护工程管理

12.3.1 各级公路管理机构应定期组织对公路路况进行调查,正确评价和掌握公路技术状况,并通过动态分析各种病害产生的原因、机理和变化规律,科学预测路况发展趋势,为养护工程决策提供科学依据。

12.3.2 养护工程应引入竞争机制,推行招投标制度、工程监理制度和合同管理制度。对于大中修工程,应由具有相应资质的单位进行施工和监理。对于改建工程,应按照工程建设管理的规定,对设计、施工和监理实行招投标制度。

12.3.3 各级公路管理机构应严格养护工程管理程序,完善重大工程项目的报批和审查制度;对技术难度较大的工程项目,应组织专家进行技术论证。

12.3.4 公路大修或改建工程项目,应由具有相应资质的设计单位进行勘测设计。

12.3.5 各级公路管理机构应加强对养护工程的中间检查。

12.3.6 养护工程完工后,必须符合以下条件才能接养:

1 经竣工验收为合格工程。

2 公路编号、命名以及相应的交通工程及沿线设施系统设置规范、完善。

3 各项竣工文件、档案资料齐全。

12.4 公路检查

12.4.1 各级公路管理机构应坚持和完善公路检查制度,定期对公路进行检查,及时、准确掌握公路路况质量和使用品质,评价和考核公路的运营性能以及公路养护生产和管理工作成效。

12.4.2 公路检查的内容包括:公路技术状况、日常养护情况、养护工程实施情况、养护计划和管理制度的执行情况等。

12.4.3 公路检查应做到科学、合理,考核评定应客观、公正,检测手段应先进、准确。应对公路主要技术指标进行全面检测或抽检,客观地评价公路路况和养护水平。公路检查的评价标准按现行《公路技术状况评定标准》(JTG H20)执行。

12.4.4 公路因遭受洪水、台风、积雪等自然灾害毁坏或人为破坏,造成交通中断时,沿线养护道班(工区、站)应调查了解情况,并迅速向县级公路管理机构报告;受损线路为国省干线时,应立即上报至省级公路管理机构,国道应上报交通部。

12.4.5 应加强对收费公路,特别是经营性收费公路的监督检查,以保障收费公路的服务水平。

12.4.6 多雨地区或公路水毁多发地区的公路管理机构,应加强雨季公路检查。

12.5 档案管理

12.5.1 公路养护档案管理应符合下列规定:

1 公路养护档案工作应遵循“统一管理、分级负责”的原则。

2 公路养护应严格执行工程档案管理的有关规定,公路养护工程所形成的档案应及时归档,并由档案管理部门实行集中统一管理,不得由承办部门和个人分散保存。

3 应建立档案管理制度,由专人负责管理。

4 公路养护工程的计划、统计、审计、机械设备、设计文件、竣工档案等信息资料,应按相应的管理规定进行管理。

5 建设单位应对养护工程原工程档案组织设计、施工单位据实修改、补充和完善。对改变的部位,应当重新编制工程档案,并在工程验收后3个月内向相应的档案管理部门移交。

6 应积极采用先进技术,逐步实现档案管理现代化。

7 公路养护档案应对小修保养、中修工程、大修工程和改建工程分别立卷归档。

12.5.2 档案的整理应符合下列要求:

1 公路养护技术档案应每年按照档案要求分类整理,装订成册,编好目录,分类归档。

2 立卷应遵循工程文件的自然形成规律,保持卷内文件的有机联系,便于档案的保管和利用。

3 档案资料应进行科学组卷,每单位工程为一卷,如文件材料多时可分为若干册。

4 卷内文件排列顺序一般为封面、目录、文件材料部分。

5 文件应字迹清楚,图样清晰,图表整洁,签字盖章手续完备。

12.5.3 档案的保存与使用应符合下列要求：

1 加强档案的保存与管理，遵循"统一管理、分级负责"的原则。

2 档案保管分别按永久、长期和短期三种保管期限进行系统排列。

3 安放档案的档案室管理应贯彻"预防为主，防治结合"的方针，认真做好防盗、防火、防光、防潮、防尘、防污染、防有害生物等"七防"工作。

4 坚持库房检查制度和库房温湿度记录制度，注意调节和控制库房的温湿度，确保档案的安全。

5 档案管理部门应建立定期检查库存档案和设备制度，并做好检查记录。对破损和字迹模糊或变质的档案，应及时修补或复制。对库存档案发现可疑情况或者发生意外事故，应及时进行检查。

6 档案的使用应遵循"严守国家机密、禁止涂改抽拆、切勿私自携出，不得转借散失、妥善保护案卷、用毕及时归还"的原则。

12.5.4 电子档案

1 设计图纸应数字化保存。

2 应建立动态公路设施基础数据库，做好路面管理系统、桥梁管理系统、隧道管理系统、基础数据库的软件备份及数据更新和备份。

3 应做好文字、数据、影像记录等电子文件的保存和维护，逐步实现技术档案电子化。

4 应保证电子文件信息安全。

5 逐步建立档案信息化检索体系。

附录 A　公路养护每 100km 机械配备参考表

表 A　公路养护每 100km 机械配备参考表

项目	机械名称	规格参数(参考值)	沥青路拥有量		水泥路拥有量		碎石、土路拥有量	备注
			高速公路	其他公路	高速公路	其他公路		
日常养护机械	路面清扫车	清扫宽度 2~3m	1~2	1~2	1~2	1~2	—	或真空吸扫车,按需配备
	多功能洒水车	5 000~10 000L	1~3	1~2	1~3	1~2	1~2	能洒水、浇树、喷药、清洗标志等
	割灌除草机	30cm^2/s,≥1.8kW	2~4	2~4	2~4	2~4	2~4	背携式
	绿篱机		2~4	2~4	2~4	2~4	2~4	绿化修剪
	油锯		2~4	2~4	2~4	2~4	2~4	绿化修剪
	高枝剪		—	0.5	—	0.5	0.5	高大树木剪枝
	防撞护栏清洗机		1~2	1~2	1~2	1~2	—	
	多功能养护机	≥26kW	1	1	1	1	0.5	可换装挖掘、挖护坑、挖沟等养护作业常用的十多种装置,按需配置
	公路巡查车	3~6 座	2	2	2	2	1	
交通安全设施维修机械	路面画线机(车)	线宽 80~300mm	1~2	1~2	1~2	1~2	—	热熔或冷喷式,按需配置
	路面除线机	线宽 80~300mm	1~2	1~2	1~2	1~2	—	按需配置
	高空作业车	举升高度 10~12m	1	0.5	1	0.5	0.5	构造物、沿线设施、行道树用
	护栏打桩机	打桩力≥20kN	1	1	1	1	—	安装护栏立柱,按需配置
	护栏拔桩机		1	1	1	1	—	拔护栏立柱,按需配置
	护栏板校正机		0.5	0.5	0.5	0.5	—	按需配置

续上表

项目	机械名称	规格参数(参考值)	沥青路拥有量		水泥路拥有量		碎石、土路拥有量	备注
			高速公路	其他公路	高速公路	其他公路		
除雪清方排障抢险机械	除雪撒布机(车)	除雪宽度1.5~3.5m,撒布宽度≥6m,撒布量≥50g/m²	1~2	1~2	1~2	1~2	1	推雪除冰,撒防结防滑剂,按需配置
	装载机(或推土机)	斗容量3~5t	1~2	1~2	1~2	1~2	1	清塌方、推雪用,按需配置
	挖掘机	斗容 ≥0.8m³	0.5	0.5	0.5	0.5	—	清塌方、挖边沟等,按需配置
	道路清障车	起吊5t,拖力20t	1	0.5	1	0.5	—	按需配置
	事故抢险车		1	0.5	1	0.5	—	
	移动标志车		2~3	1~2	2~3	1~2	1~2	施工安全标志移动
	移动式现场照明设备	照明范围>200m	1~2	1~2	1~2	1~2	1~2	夜间抢险及施工,按需配置
	水泵	扬程≥25m,吸程≥6m	1~3	1~3	1~3	1~3	1~3	排水抗洪
路面养护维修机械	路面破碎机		2~3	2~3	2~3	2~3	—	液压或气压破碎装置
	路面切割机		2~3	2~3	2~3	2~3	—	规范化修补切割
	吹风机		2~3	2~3	2~3	2~3	—	坑洞及伸缩缝清理
	路面铣刨机	宽度0.5~2m	1	0.5	—	—	—	按需配置
	沥青洒布机	500~2 000L	—	1~2	—	—	—	
	沥青洒布车	≥2 000L	1	1	—	—	—	
	稀浆封层车	厚度3~12mm	0.5	0.5	—	—	—	用于路面预防性养护,按需配置
	沥青路面综合养护车	汽车底盘	1~2	1	—	—	—	具有路面破碎、沥青洒布、拌和、压实等功能,按需配置
	沥青路面加热机	加热面积0.5~2m²	2~3	1~2	—	—	—	路面热铣或铲油包,按需配置
	沥青路面热再生修补车	加热面积0.5~4m²	1	—	—	—	—	按需配置

续上表

项目	机 械 名 称	规格参数(参考值)	沥青路拥有量		水泥路拥有量		碎石、土路拥有量	备　　注
			高速公路	其他公路	高速公路	其他公路		
路面养护维修机械	沥青路面就地热再生机组		0.1	—	—	—	—	按需配置
	沥青料就地冷再生机		0.1	—	—	—	—	按需配置
	沥青混凝土摊铺机	摊铺宽度4.5~9m	1~2	1	—	—	—	
	水泥混凝土摊铺机		—	—	1	—	—	按需配置
	水泥混凝土摊铺整平机		—	—	0.5	1	—	按需配置
	真空吸水机	真空度≥97%	—	—	2	2	—	
	振捣器	1.1kW	—	—	4	4	—	
	抹平机	叶片直径800mm	—	—	2	2	—	
	切缝机	刀宽2.5~6mm	—	—	2	2	—	
	路面凿毛机		—	—	2	2	—	
	砂浆灌注机		—	—	1	1	—	包括钻孔机械、压浆泵等
	水泥路面破碎机		—	—	1~2	1	—	水泥路面破碎,按需配置
	多锤头破碎机或共振破碎机		—	—	0.1	0.1	—	水泥路面破碎压实,按需配置
	冲击式压实机		—	—	0.1	0.1	—	水泥路面破碎压实,按需配置
	清缝机		1	1	1	1	—	裂缝清理
	灌缝机		1	1	1	1	—	裂缝填充与修补
	路缘石成形机	250mm×250mm	0.5	0.5	0.5	0.5	—	按需配置
	石屑撒布机(车)	宽度1~3m	0.5	0.5	—	—	0.5	按需配置
	回砂机	宽度1.8~3m	—	—	—	—	1~2	
	撒砂机	宽度1.5~2m	—	—	—	—	0.5	
	扫浆机	宽度1.5~2m	—	—	—	—	1~2	

续上表

项目	机械名称	规格参数(参考值)	沥青路拥有量		水泥路拥有量		碎石、土路拥有量	备注
			高速公路	其他公路	高速公路	其他公路		
路基养护维修机械	推土机	>56kW	1	0.5	1	0.5	0.5	
	挖掘机	斗容量≥0.8m³	0.5	0.5	0.5	0.5	0.5	
	挖掘装载机(两头忙)	≥0.6m³	1	0.5	1	0.5	0.5	
	平地机	>100kW	1	0.5	1	0.5	0.5	
	稳定土摊铺机	最大宽度 4.5~9m	1~2	1	1~2	1	—	按需配置
	稳定土路拌机	宽度 2m	1	0.5	1	0.5	—	
	涵洞清淤机(车)		1	0.5	1	0.5	0.5	
压实机械	平板振动夯和冲击夯	100~200kg	各 1~3	各 3~6	各 1	各 1	各 1	用于日常修补
	手扶振动压路机	≤2t	2~4	1~3	1	1	1	用于日常修补
	静碾压路机	≤10t	2	2	—	—	—	用于日常修补
	双钢轮振动压路机	≤8t	1~3	1~2	—	—	—	用于日常修补
		≥9t	1~3	1~2	—	—	—	用于路面压实
	轮胎压路机	16~25t	1~2	1	—	—	—	用于路基路面压实
	单钢轮振动压路机	14~28t	1~2	1	1~2	1	1	用于路基压实
材料准备机械	沥青储存加温设备	300~2 000t	1	0.5~1	—	—	—	
	沥青储存加温罐	50t	1~3	1~2	—	—	—	
	沥青混合料搅拌站	强制拌和,≥40t/h	1~2	1	—	—	—	按需配置(承担薄层罩面或面层翻修的宜配 140~160t/h)
	沥青混合料拌和机	10~30t/h	1~2	1	—	—	—	
	沥青混凝土热再生拌和设备	>3t/h	0.1~1	1	—	—	—	按需配置
	沥青混凝土冷再生拌和设备	>3t/h	0.1~1	1	—	—	—	按需配置
	稳定土厂拌设备	≥200t/h	1~2	1~2	1~2	1~2	—	按需配置

续上表

项目	机械名称	规格参数(参考值)	沥青路拥有量		水泥路拥有量		碎石、土路拥有量	备注
			高速公路	其他公路	高速公路	其他公路		
材料准备机械	水泥混凝土拌和站	强制拌和,30m^3/h	0.5	0.5	1~2	1	—	按需配置
	水泥混凝土拌和机	10~25m^3/h	0.5	0.5	1~2	1~2	—	按需配置
	砂浆拌和机	7~12m^3/h	—	0.5	—	0.5	0.5	按需配置
	凿岩机	钻孔深3~9m	0.5	0.5	0.5	0.5	0.5	配空压机,按需配置
	碎石机械	8~10m^3/h	2	2	2	2	4	或碎石筛分机组,按需配置
	地磅	10~40t	0.5	0.5	0.5	0.5	—	按需配置
	皮带运输机	带宽500~800m	2	2	2	2	2	按需配置
	卷扬机	3~5t	1	1	1	1	1	按需配置
	发电机组	50~200kW	1	1	0.5	0.5	0.5	按需配置
装运设备	拖拉机或农用运输车	0.5~1.5t	—	1~3	—	1~3	1~3	
	皮卡	0.5~1t	1~2	1	1	1	1	
	轻型货车	1~4.5t	0.5	0.5	0.5	0.5	0.5	
	自卸汽车	1.5~15t	1~2	1~2	1	1	1	
	平板拖车	10~30t	1	0.5	1	0.5	—	转运设备
	装载机	斗容量3~5t	1~3	1~3	1~2	1~2	1	
	沥青运输油罐车	5~10t	1	1	—	—	—	
	汽车起重机	10~30t	1	0.5	1	0.5	—	转吊设备,抢险

续上表

<table>
<tr><th rowspan="2">项目</th><th rowspan="2">机 械 名 称</th><th rowspan="2">规格参数(参考值)</th><th colspan="2">沥青路拥有量</th><th colspan="2">水泥路拥有量</th><th rowspan="2">碎石、土路拥有量</th><th rowspan="2">备　　注</th></tr>
<tr><th>高速公路</th><th>其他公路</th><th>高速公路</th><th>其他公路</th></tr>
<tr><td rowspan="7">公路检测设备</td><td>公路路况与病害综合检测车</td><td></td><td colspan="2">0.1</td><td colspan="2">0.1</td><td>—</td><td>按需配置</td></tr>
<tr><td>桥梁检测车</td><td></td><td colspan="2">0.1</td><td colspan="2">0.1</td><td>—</td><td>按需配置</td></tr>
<tr><td>激光断面仪</td><td></td><td colspan="2">0.1</td><td colspan="2">0.1</td><td>—</td><td>检测路面平整度,按需配置</td></tr>
<tr><td>车载式自动弯沉仪或落锤弯沉仪</td><td></td><td colspan="2">0.1</td><td colspan="2">0.1</td><td>—</td><td>按需配置</td></tr>
<tr><td>路面横向力系数测试车或纵向摩擦系数测试车</td><td></td><td colspan="2">0.1</td><td colspan="2">0.1</td><td>—</td><td>检测路面摩阻系数,按需配置</td></tr>
<tr><td>探地雷达测试仪</td><td></td><td colspan="2">0.1</td><td colspan="2">0.1</td><td>—</td><td>检测路面各层厚度与密实度,按需配置</td></tr>
<tr><td>标志标线逆反射系数测试仪</td><td></td><td colspan="2">0.1</td><td colspan="2">0.1</td><td>—</td><td>按需配置</td></tr>
<tr><td rowspan="9">桥隧养护机械</td><td></td><td></td><td colspan="2">钢桥</td><td colspan="2">水泥混凝土桥</td><td>隧道</td><td></td></tr>
<tr><td>钢筋加工机械</td><td>加工直径6~40mm</td><td colspan="2">1</td><td colspan="2">1</td><td>—</td><td>具有切断、调直、弯曲等功能</td></tr>
<tr><td>钢筋对焊机</td><td></td><td colspan="2">1</td><td colspan="2">1</td><td>—</td><td></td></tr>
<tr><td>喷漆机械</td><td></td><td colspan="2">1~2</td><td colspan="2">—</td><td>—</td><td></td></tr>
<tr><td>吊装设备</td><td>起重能力5~30t</td><td colspan="2">1</td><td colspan="2">1</td><td>—</td><td></td></tr>
<tr><td>水泥混凝土泵(车)</td><td>10~15m³/h</td><td colspan="2">—</td><td colspan="2">0.5</td><td>0.5</td><td>按需配置</td></tr>
<tr><td>混凝土喷射机</td><td>排量2~6m³/h</td><td colspan="2">—</td><td colspan="2">—</td><td>1</td><td>按需配置</td></tr>
<tr><td>压浆设备</td><td>压力>10MPa</td><td colspan="2">—</td><td colspan="2">1</td><td>1</td><td>按需配置</td></tr>
<tr><td>隧道清洗机(车)</td><td>5MPa,50L/min</td><td colspan="2">—</td><td colspan="2">—</td><td>1</td><td>按需配置</td></tr>
</table>

注:以上是公路养护主要机械设备配置参考表,各地可根据当地情况,按需制定本地养护机械配备标准。

附录B　公路养护工程作业内容表

表B　公路养护工程作业内容表

工程项目	小修保养	中修工程	大修工程	改建工程
路基	保养： 1. 整理路肩、边坡，修剪路肩、分隔带草木，清除杂物，保持路容整洁； 2. 疏通边沟，保持排水系统畅通； 3. 清除挡土墙、护坡滋生的有碍设施功能发挥的杂草，修理伸缩缝，疏通泄水孔，及清除松动石块； 4. 路缘带的修理。 小修： 1. 小段开挖边沟、截水沟或分期铺砌边沟； 2. 清除零星塌方，填补路基缺口，轻微沉陷翻浆的处理； 3. 桥头接线或桥头、涵顶跳车的处理； 4. 修理挡土墙、护坡、护坡道、泄水槽、护栏和防冰雪设施等局部损坏； 5. 局部加固路肩	1. 局部加宽、加高路基，或改善个别急弯、陡坡、视距； 2. 全面修理、接长或个别添建挡土墙、护坡、护坡道、泄水槽、护栏及铺砌边沟； 3. 清除较大塌方，大面积翻浆、沉陷处理； 4. 整段开挖边沟、截水沟或铺砌边沟； 5. 过水路面的处理； 6. 平交道口的改善； 7. 整段加固路肩	1. 在原路技术等级内整段改善线形； 2. 拆除、重建或增建较大挡土墙、护坡等防护工程； 3. 大塌方的清除及善后处理	整段加宽路基，改善公路线形，提高技术等级
路面	保养： 1. 清除路面泥土、杂物，保持路面整洁； 2. 排除路面积水、积雪、积冰、积沙，铺防滑料、灭尘剂或压实积雪维持交通； 3. 砂土路面刮平，修理车辙；	1. 砂土路面处理翻浆，调整横坡； 2. 碎砾石路面局部路段加厚、加宽，调整路拱加铺磨耗层，处理严重病害； 3. 沥青路面整段封层罩面；	1. 整段用稳定材料改善土路； 2. 整段加宽、加厚或翻修重铺碎砾石路面； 3. 翻修或补强重铺铺装、简易铺装路面；	1. 整线整段提高公路技术等级，铺筑铺装、简易铺装路面；

续上表

工程项目	小修保养	中修工程	大修工程	改建工程
路面	4. 碎砾石路面匀、扫面砂，添加面砂，洒水润湿，刮平波浪，修补磨耗层； 5. 处理沥青路面的泛油、拥包、裂缝、松散等病害； 6. 水泥混凝土路面日常清缝、灌缝及堵塞裂缝； 7. 路缘石的修理和刷白。 小修： 1. 局部处理砂石路的翻浆变形，添加稳定料； 2. 碎砾石路面修补坑槽、沉降，整段修理磨耗层或扫浆铺砂； 3. 桥头、涵顶跳车的处理； 4. 沥青路面修补坑槽、沉陷，处理波浪、局部龟裂、啃边等病害； 5. 水泥混凝土路面板块的局部修理	4. 沥青路面严重病害的处理； 5. 水泥混凝土路面严重病害的处理； 6. 水泥混凝土路面接缝材料的整段更换； 7. 整段安装、更换路缘石； 8. 桥头搭板或过渡路面的整修	4. 补强、重铺或加宽铺装、简易铺装路面	2. 新铺碎砾石路面； 3. 水泥混凝土路面病害处理后，补强或改造为沥青混凝土路面
桥梁、涵洞、隧道	保养： 1. 清除污泥、积雪、积冰、杂物，保持桥面清洁； 2. 疏通涵管，疏导桥下河槽； 3. 伸缩缝养护，泄水孔疏通，钢支座加润滑油，栏杆油漆； 4. 桥涵的日常养护； 5. 保持隧道内及洞口清洁。	1. 修理、更换木桥的较大损坏构件及防腐； 2. 修理更换中小桥支座、伸缩缝及个别构件； 3. 大中型钢桥的全面油漆除锈和各部件的检修； 4. 永久性桥墩、台侧墙及桥面的修理和小型桥面的加宽； 5. 重建、增建、接长涵洞；	1. 在原技术等级内加宽、加高、加固大中型桥梁； 2. 改建、增建小型桥梁和技术性简单的中桥； 3. 增改建较大的河床铺底和永久性调治构造物； 4. 吊桥、斜拉桥的修理与个别索的调整更换； 5. 大桥桥面铺装的更换；	1. 提高公路技术等级，加宽、加高大中型桥梁； 2. 改建、增建小型立体交叉； 3. 增建公路通道； 4. 新建渡口的公路接线、码头引线； 5. 新建短隧道工程

续上表

工程项目	小修保养	中修工程	大修工程	改建工程
桥梁涵洞隧道	小修： 1. 局部修理、更换桥栏杆和修理泄水孔、伸缩缝、支座和桥面的局部轻微损坏； 2. 修补墩、台及河床铺底和防护圬工的微小损坏； 3. 涵洞进出口铺砌的加固修理； 4. 通道的局部维修和疏通修理排水沟； 5. 清除隧道洞口碎落岩石和修理圬工接缝，处理渗漏水	6. 桥梁河床铺底或调治构造物的修复和加固； 7. 隧道工程局部防护加固； 8. 通道的修理与加固； 9. 排水设施的更换； 10. 各类排水泵站的修理	6. 大桥支座、伸缩缝的修理更换； 7. 通道改建； 8. 隧道的通风和照明、排水设施的大修或更新； 9. 隧道的较大防护、加固工程	
交通工程及沿线设施	保养： 标志牌、里程碑、百米桩、界碑、轮廓标等埋置、维护或定期清洗。 小修： 1. 护栏、隔离栅、轮廓标、标志牌、里程碑、百米桩、防雪栏栅等修理、油漆或部分添置更换； 2. 路面标线的局部补画	1. 全线新设或更换永久性标志牌、里程碑、百米桩、轮廓标、界碑等； 2. 护栏、隔离栅、防雪栏栅等的全面修理更换； 3. 整段路面标线的画设； 4. 通信、监控、收费、供配电设施的维修	1. 护栏、隔离栅、防雪栏栅等增设； 2. 通信、监控、收费、供配电设施的更新	1. 整段增设防护栏、隔离栅等； 2. 整段增设通信、监控、收费、供配电设施
绿化	保养： 1. 行道树、花草的抚育、抹芽、修剪、治虫、施肥； 2. 苗圃内幼苗的抚育、灭虫、施肥、除草。 小修： 1. 行道树、花草缺株的补植； 2. 行道树冬季刷白	更新、新植行道树、花草，开辟苗圃等		

附录 C　各类挡土墙适用条件

表 C　各类挡土墙适用条件

挡土墙类型	适 用 条 件
重力式挡土墙	适用于一般地区、浸水地区和地震地区的路肩、路堤和路堑等支挡工程。墙高不宜超过 12m，干砌挡土墙的高度不宜超过 6m。高速公路、一级公路不应采用干砌挡土墙
半重力式挡土墙	适用于不宜采用重力式挡土墙的地下水位较高或较软弱的地基上，墙高不宜超过 8m
悬臂式挡土墙	宜在石料缺乏、地基承载力较低的填方路段采用，墙高不宜超过 5m
扶壁式挡土墙	宜在石料缺乏、地基承载力较低的填方路段采用，墙高不宜超过 15m
锚杆挡土墙	宜用于墙高较大的岩质路堑地段，可用做抗滑挡土墙，可采用肋柱式或板壁式单级墙或多级墙，每级墙高不宜大于 8m，多级墙的上、下级墙体之间应设置宽度不小于 2m 的平台
锚定板挡土墙	宜使用在缺少石料地区的路肩墙或路堤式挡土墙，但不应建筑于滑坡、坍塌、软土及膨胀土地区。可采用肋柱式或板壁式，墙高不宜超过 10m。肋柱式锚定板挡土墙可采用单级墙或双级墙，每级墙高不宜大于 6m，上、下级墙体之间应设置宽度不小于 2m 的平台，上、下两级墙的肋柱宜交错布置
加筋土挡土墙	用于一般地区的路肩式挡土墙、路堤式挡土墙，但不应修建在滑坡、水流冲刷、崩塌等不良地质地段。高速公路、一级公路墙高不宜大于 12m，二级及二级以下公路不宜大于 20m。当采用多级墙时，每级墙高不宜大于 10m，上、下级墙体之间应设置宽度不小于 2m 的平台
桩板式挡土墙	用于表土及强风化层较薄的均质岩石地基，挡土墙高度可较大，也可用于地震区的路堑或路堤支挡或滑坡等特殊地段的治理

附录 D　各种防治翻浆措施

表 D　各种防治翻浆措施

编号	措施种类	适用翻浆类型	翻浆等级	适用地区或条件	使用说明
1	路基排水	①②⑤	轻、中、重	平原区、丘陵区、山区	适用于一切新、旧道路
2	加高路基	①②⑤	轻、中、重	平原、洼地、平地	新、旧路均可使用,必要时也可与 3、4、5、6、7、9 任何一类组合应用
3	砂桩、砂砾、垫层	①②③⑤	中、重	产砂、砾地区	新、旧路均可用,主要做垫层或与 2、4 类组合应用
4	石灰土结构层	①②③④⑤	轻、中、重	缺少砂、石地区	新、旧路均可用,主要做基层或垫层,或与 3、5 类措施组合应用
5	煤渣、石灰土结构层	①②③④⑤	中、重	缺少砂、石地区,煤渣供应有保证	新、旧路均可用,主要做基层或垫层,或与 4 类措施组合应用
6	透水性隔离层	①⑤	中、重	产砂、石地区	适用于新路
7	不透水隔离层	①②④⑤	中、重	沥青、油毡、塑料薄膜供应有保证	多用于新路
8	盲沟	①⑤	轻、中、重	坡腰或横向地下水出露地段、地下水位高的地段	新、旧路均可使用
9	换土	①②③⑤	中、重	产砂砾或水稳定性好的材料地区	适用于新、旧路

注:1. ①-地下水类;②-地表水类;③-土体水类;④-气态水类;⑤-混合水类。
2. 冰冻地区的潮湿路段及其他地区的过湿路段上,不宜采用石灰土做基(垫)层。

附录 E　桥梁检查记录表

表 E-1　桥梁基本状况卡片

A. 行政识别数据

1	路线编码		2	路线名称		3	路线等级	
4	桥梁编码		5	桥梁名称		6	桥位中心桩号	
7	功能类型		8	下穿通道名		9	下穿通道中心桩号	
10	设计荷载		11	通行载重		12	弯斜坡度	
13	桥面铺装		14	管养单位		15	建成年月/设计使用年限	/

B. 结构技术数据

16	桥长(m)		17	桥面总宽(m)		18	车行道宽(m)	
19	桥面高程(m)		20	桥下净高(m)		21	桥上净高(m)	
22	引道总宽(m)		23	引道路面宽(m)		24	引道线形	

上部结构	25	孔号				下部结构	29	墩台				
	26	形式					30	形式				
	27	跨径(m)					31	材料				
	28	材料					32	基础形式				

33	伸缩缝类型		34	支座形式		35	地震动峰值加速度系数	
36	桥台护坡		37	护墩体		38	调治构造物	
39	常水位		40	设计水位		41	历史洪水位	

C. 档案资料(全、不全或无)

42	设计图纸		43	设计文件		44	施工文件	
45	竣工图纸		46	验收文件		47	行政文件	
48	定期检查报告		49	特殊检查报告		50	历史维修资料	
51	档案号		52	存档案		53	建档年月	

D. 最近技术状况评定

54	55	56	57	58	59	60	61	62	63	64
检查年月	定期或特殊检查	全桥评定等级	桥台与基础	桥墩与基础	地基冲刷	上部结构	支座	经常保养小修	处治对策	下次检查年份

续上表

E. 修建工程记录

65 施工日期		66 修建类别	67 修建原因	68 工程范围	69 工程费用(万元)	70 经费来源	71 质量评定	72 建设单位	73 设计单位	74 施工单位	75 监理单位
开工	竣工										

76	备注

F. 桥梁照片

77	立面照			78	桥面正面照	
79	主管负责人		80	填卡人		81	填卡日期	年　月　日

表 E-2　桥梁经常性检查记录表

管理单位：

路线编码		路线名称		桥位中心桩号	
桥梁编码		桥梁名称		养护单位	
部件名称	缺损类型	缺损范围		保养措施意见	
翼墙、耳墙					
锥坡、护坡					
桥台					
桥墩					
基础					
地基冲刷					
支座					
上部结构异常变形					
桥与路连接					
伸缩缝					
桥面铺装					
人行道、缘石					
栏杆、护栏					
标志、标线					
排水设施					
照明系统					
桥面清洁					
调治构造物					
（其他）					
负责人		记录人		检查日期	年　月　日

附录 F　隧道检查及判定表

表 F-1　隧道经常性检查记录表

隧道名称:________________(左洞/右洞)　路线名称:________________

隧道编码:________________　路线编码:________________

养护机构:________________　检查日期:________年____月____日　天气:____

里程桩号	项目名称	检查内容	状 态 描 述	判 定 结 论
……	……	……		

检查人:　　　　　　　　　　记录人:

表 F-2　隧道经常性检查内容及判定表

项目名称	检查内容	判定		
		S	B	A
洞口	边(仰)坡有无危石、积水、积雪;洞口有无挂冰;边沟有无淤塞;构造物有无开裂、倾斜、沉陷等	边坡稳定,洞口无挂冰;边沟畅通;构造物完好	存在落石、积水、积雪隐患;洞口局部挂冰;构造物局部开裂、倾斜、沉陷,有妨碍交通的可能	坡顶落石、积水漫流或积雪崩塌;洞口挂冰掉落路面;构造物因开裂、倾斜或沉陷而致剥落或失稳;边沟淤塞,已妨碍交通
洞门	结构开裂、倾斜、沉陷、错台、起层、剥落;渗漏水(挂冰)	结构物完好,无开裂现象	侧墙出现起层、剥落;存在渗漏水或结冰,尚未妨碍交通	拱部及其附近部位出现剥落;存在喷水或挂冰等,已妨碍交通
衬砌	结构裂缝、错台、起层、剥落	结构无裂缝、错台、起层、剥落	衬砌起层,且侧壁出现剥落状况,尚未妨碍交通,如继续发展可能构成危险	衬砌起层,且拱部出现剥落状况,已妨碍交通,并有继续恶化的可能
	(施工缝)渗漏水	无渗漏水现象	存在渗漏水,尚未妨碍交通	大面积渗漏水,已妨碍交通
	挂冰、冰柱	无结冰现象	存在结冰现象,尚未妨碍交通	拱部挂冰,形成冰柱,已妨碍交通
路面	落物、油污;滞水或结冰;路面拱起、坑洞、开裂、错台等	路面洁净、平整,无坑洞、开裂、错台等	存在落物、滞水、结冰、裂缝等,尚未妨碍交通	拱部落物,存在大面积路面滞水、结冰或裂缝,路面出现拱起、坑洞、错台等病害,已妨碍交通
检修道	结构破损;盖板缺损;栏杆变形、损坏	结构完好、无变形	栏杆变形、损坏;道板缺损;结构破损,尚未妨碍交通	栏杆局部毁坏或侵入建筑限界;道路结构破损,已妨碍交通
排水设施	破损、堵塞、积水、结冰	排水设施畅通无堵塞	存在破损、积水或结冰,尚未妨碍交通	沟管堵塞,积水漫流,结冰,设施破损严重,已妨碍交通
吊顶	变形、破损、漏水(挂冰)	结构完好、无变形破损	存在破损、漏水,尚未妨碍交通	破损严重,或从吊顶板漏水严重,已妨碍交通
内装	脏污、变形、破损	洁净,无变形、破损	存在破损,尚未妨碍交通	破损严重,已妨碍交通

表 F-3　隧道定期检查记录表

隧道名称:____________________

隧道编码:____________________　　　　路线名称:____________________

养护机构:____________________　　　　路线编码:____________________

上次检查日期:________年____月____日　　　　本次检查日期:________年____月____日

里程桩号	项目名称	检查内容	状　态　描　述	判　定　结　论
……	……	……		

检查人:　　　　　　　　　　　　　　　　记录人:

表 F-4　隧道病害展示图

桩　　号		
土建结构	左墙	
	拱部	
	右墙	

隧道名称：____________　　　　检查日期：______年______月______日

检查人：　　　　　　　　　　　记录人：

病害表述图例

1-出水冒泥；2-衬砌凸起；3-围岩碎落；4-墙体变形；5-衬砌或围岩开裂；6-漏水、挂冰、堆冰

表 F-5　隧道定期检查内容及判定表

项目名称	检查内容	判定		
		S	B	A
洞口	山体有无滑坡,岩石有无崩塌的征兆;边坡、碎落台、护坡道等有无缺口、冲沟、潜流涌水、沉陷、塌落等	山体稳定无滑坡,岩石无崩塌;边坡、碎落台、护坡道等完整无缺口,无冲沟、潜流涌水、沉陷、塌落等	存在滑坡、崩塌的初步迹象,尚不危及交通	山体开裂、滑动,岩体开裂、失稳,已危及交通
洞口	护坡、挡土墙有无裂缝、断缝、倾斜、鼓出、滑动、下沉或表面风化;泄水孔有无堵塞、墙后积水,周围地基有无错台、空隙等	护坡、挡土墙完好,无裂缝、断缝、倾斜、鼓出、滑动、下沉或表面风化,无泄水孔堵塞、墙后积水、周围地基错台、空隙等	存在此类异常情况,尚不妨碍交通	挡土墙、护坡等产生开裂、变形、位移等,可能对交通构成威胁
洞门	墙身有无开裂、裂缝	墙身无开裂	墙身存在轻微开裂,尚不妨碍交通	由于开裂,衬砌存在剥落的可能,对交通构成威胁
洞门	衬砌有无起层、剥落	衬砌无起层、剥落	存在起层、剥落,不妨碍交通	在隧道顶部发现起层、剥落,有可能妨碍交通
洞门	结构有无倾斜、沉陷、断裂	结构完好无倾斜、沉陷、断裂	墙身存在轻微的倾斜或下沉等,尚不妨碍交通	通过肉眼观察,即可发现墙身有明显的倾斜、下沉等,或洞门与洞身连接处有明显的环向裂缝,有外倾的趋势,对交通构成了威胁
洞门	混凝土钢筋有无外露	混凝土钢筋无外露	存在轻微的外露现象,尚不妨碍交通	混凝土保护层剥落,钢筋外露,受到锈蚀,对交通安全构成威胁
衬砌	衬砌有无裂缝、剥落	衬砌无裂缝、剥落	在拱顶或拱腰部位,存在裂缝且数量较多,尚不妨碍交通	衬砌开裂严重,混凝土被分割形成块状,存在掉落的可能,对交通构成威胁
衬砌	衬砌表层有无起层、剥落	衬砌表层无起层、剥落	存在起层,并有压碎现象,尚不妨碍交通	衬砌严重起层、剥落,对交通构成威胁
衬砌	墙身施工缝有无开裂、错位	墙身施工缝良好,无开裂、错位	存在这类异常现象,尚不妨碍交通	接缝开口、错位、错台等引起止水板或施工缝砂浆掉落,发展下去可能妨碍交通
衬砌	洞顶有无渗漏水、挂冰	洞顶无渗漏水、挂冰现象	存在漏水,未妨碍交通,但影响隧道内设备的安全	衬砌大面积漏水、结冰,已妨碍交通

续上表

项目名称	检查内容	判定		
		S	B	A
路面	路面上有无塌(散)落物、油污、滞水、结冰或堆冰等;路面有无拱起、沉陷、错台、开裂、溜滑	路面洁净平整,无塌(散)落物、油污、滞水、结冰或挂冰等;路面无拱起、沉陷、错台、开裂、溜滑	存在此类异常情况,尚不妨碍交通	路面出现严重的拱起、沉陷、错台、裂缝、溜滑,以及漫水、结冰或堆冰等,已妨碍交通
检修道	道路有无毁坏;盖板有无缺损;栏杆有无变形、锈蚀、破损等	道路无毁坏;盖板无缺损;栏杆无变形、锈蚀、破损等	道路局部破损,栏杆有锈蚀,尚未妨碍交通	道板毁坏,碎物散落,栏杆破损变形,可能侵入限界,已妨碍交通
排水系统	结构有无破损,中央窨井盖、边沟盖板等是否完好,沟管有无开裂漏水;排水沟(管)、积水井等有无淤积堵塞、沉沙、滞水、结冰等	结构无破损,中央窨井盖、边沟盖板等完好,沟管无开裂漏水;排水沟(管)、积水井等无淤积堵塞、沉沙、滞水、结冰等	存在沉沙、积水,尚不妨碍交通	由于结构破损或泥沙阻塞等原因,积水井、排水沟(管)等淤积、滞水,已妨碍交通
吊顶	吊顶板有无变形、破损;吊杆是否完好等;有无漏水(挂冰)	吊顶板无变形、破损;吊顶完好,无漏水(挂冰)	存在此类异常情况,尚不妨碍交通	存在严重的变形、破损、漏水,已妨碍交通
内装	表面有无脏污、缺损;装饰板有无变形、破损等	表面无脏污、缺损;装饰板无变形、破损等	存在此类异常情况,尚不妨碍交通	存在严重的污染、变形、破损,已妨碍交通

附录 G　隧道附属设施检修表

表 G-1　通风设施经常性检修、定期检修、分解性检修主要项目表

设施名称	检查项目	主要检查内容	经常性检修 1次/(1~3)月	定期检修 1次/年	分解性检修 1次/(3~5)年
轴流风机及离心风机	全部	1. 运转状态有无异响和异常振动;	√		
		2. 各计量仪器、仪表读数是否正确;	√		
		3. 基础螺栓及连接螺栓的状态有无异常;		√	
		4. 轴承温度、油温、油压有无异常;		√	
		5. 振动测试有无异常;		√	
		6. 逆转 1h 以上的工作状况有无异常;		√	
		7. 与监控测试联动试验;		√	
		8. 手动旋转的平衡状态;		√	
		9. 正、反转间隔一定时间的试验;		√	
		10. 叶片安装状态检查		√	
	减速机	1. 油量是否正常;	√		
		2. 有无异响,油温是否正常;		√	
		3. 润滑油老化试验;		√	
		4. 更换油脂		√	
	润滑油冷却装置	1. 配管、冷却器、交换器、循环泵的状态;	√		
		2. 运转中有无振动、异响、过热现象	√		
	气流调节装置	1. 动作状态有无异常;	√		
		2. 内翼有无损伤、裂纹;		√	
		3. 密封材料状态		√	
	动翼、静翼及叶轮	1. 翼面有无损伤、剥离;		√	
		2. 焊接部有无损伤;		√	
		3. 检查叶轮液压调节装置		√	
	导流叶片及异型管	有无生锈、涂装剥离、螺母松动		√	
	驱动轴	1. 接头、齿轮润滑状态有无异常;	√		
		2. 传动轴的振动与轴承温度有无异常;	√		
		3. 加油脂		√	

续上表

设施名称	检查项目	主要检查内容	经常性检修 1次/(1~3)月	定期检修 1次/年	分解性检修 1次/(3~5)年
轴流风机及离心风机	电动机	1. 运转中有无异响、振动、过热；	√		
		2. 连接部的工作状态；	√		
		3. 绝缘测试；		√	
		4. 三相电流平衡试验		√	
	消音器	1. 清扫消音器内壁灰尘；		√	
		2. 噪声检测；		√	
		3. 吸音材料检查与变质材料更换			√
	其他	1. 仪表的检查、校正和更换；			√
		2. 供油装置的检验；			√
		3. 必要时的金属探伤；			√
		4. 组装、检查后的试运转及风速、推动测试			√
射流风机	全部	1. 风机运转过程中有无异响；	√		
		2. 风机运转时电流值是否在额定值内；	√		
		3. 风机反转是否正常	√		
	各安装部位	有无松动、腐蚀现象		√	
	叶片	1. 叶片有无损伤与裂纹，叶片是否清洁；	√		
		2. 叶片与机壳有无摩擦；	√		
		3. 叶片涂装有无剥离	√		
	电动机	1. 转动轴有无振动、异响、过热；		√	
		2. 润滑油的检查、更换及轴承清洗；		√	
		3. 电机的拆卸检查、轴承清洗与油脂更换；			√
		4. 防护情况检查；		√	
		5. 绝缘测试；		√	
		6. 三相电流平衡试验；		√	
		7. 运行中的电动机温升是否正常		√	
	其他	拆卸组装后的风速及风力测试			√

表 G-2 照明设施经常性检修、定期检修主要项目

设施名称	检查项目	主要检查内容	经常性检修	定期检修
			1次/(1~3)月	1次/年
隧道灯具	全部	1. 电压是否稳定,灯的亮度是否正常;	1次/季	
		2. 灯泡的损坏与更换;	1次/季	
		3. 灯具的清洁;	1次/季	
		4. 引入线检查,电磁接触器、配电盘是否积水;	1次/季	
		5. 开关装置定时的准确性与动作状态有无异常;	1次/季	
		6. 脱漆部位补漆及灯具修理更换;		√
		7. 补偿电容器、触发器、镇流器、金属器是否损坏;		√
		8. 对地绝缘检查		√
	各安装部位	有无松动、腐蚀		√
	密封性	灯具内是否有尘埃、积水,密封条是否老化		√
	检修孔、手孔	有无积水		√
	照度测试	清洁后进行照度测试,是否满足设计指标		√
标志及信号灯	全部	1. 指示灯的损坏与更换;	√	
		2. 灯具的清洁与维护;	√	
		3. 灯的亮度是否正常;	√	
		4. 设置状态是否有误		√
洞外路灯	灯杆	1. 外观有无裂纹,焊接及连接部位状况;		√
		2. 有无损伤及涂装破坏;		√
		3. 接地端子有无松动		√
	基础	1. 设置状况是否稳定;		√
		2. 有无开裂、损伤;		√
		3. 锚具、螺栓有无生锈、松动		√
	灯体	1. 有无损坏,亮度目测是否正常;	√	
		2. 灯具的清洁;		√
		3. 防护等级检查	√	
照度计	全部	1. 动作状态是否有误;	√	
		2. 感光部的清洁维护;	√	
		3. 安装是否松动等;	√	
		4. 光度计校正		√
照明线路	全部	1. 回路工作是否正常;	√	
		2. 有无腐蚀及损伤;		√
		3. 托架是否松动及损伤;		√
		4. 对地绝缘检查		√

表 G-3　监控设施经常性检修、定期检修主要项目

设施名称	检查项目	主要检查内容	经常性检修	定期检修
			1次/(1～3)月	1次/年
烟雾浓度控制仪	感光单元	1. 外观有无污染、损伤；	√	
		2. 聚焦镜防护罩全面检查清洁	1次/季	
	记录仪	1. 记录状态；	√	
		2. 补充油墨、记录纸	√	
	监控单元	1. 外观是否有污染、损伤；	√	
		2. 调整工作状态、透过率指标；	√	
		3. 计量仪、显示器、故障显示灯是否正常；		√
		4. 操作开关、继电器、电磁开关、配线断路器是否正常；		√
		5. 配线有无异常、污染、损伤、过热、松动、断线等；		√
		6. 清扫		√
CO检测仪	分析仪及自动校正装置	1. 确认分析仪的指示值是否正确；	√	
		2. 空气过滤器是否有污染；	√	
		3. 确认除湿装置的功能；		√
		4. 确认自动校正装置的功能；		√
		5. 检查通风装置的功能		√
	吸气装置	1. 吸气泵的运转有无异响、过热、振动；	√	
		2. 外观有无污染、损伤；	√	
		3. 检查检测仪读数有无异常	√	
	记录仪	同烟雾浓度记录仪		
	采气口	隧道采气口过滤器的清洁与更换		√
	监控单元	同烟雾浓度探测仪监控单元		√
交通量检测仪	检测单元	1. 外观有无污染、损伤；		√
		2. 检查动作及调整灵敏度；		√
		3. 安装状态		√
	监控单元	1. 外观有无污染、损伤；	√	
		2. 动作状态；	√	
		3. 各种测量数据可靠度；	√	
		4. 测量仪、显示器、故障显示灯有无异常；		√
		5. 测定传输电流；		√
		6. 电子线路板、继电器的安装状态；		√
		7. 盘内配线有无损伤、过热、松动、断线；		√
		8. 清扫		
	记录仪	同烟雾浓度记录仪	√	

续上表

设施名称	检查项目	主要检查内容	经常性检修 1次/(1~3)月	定期检修 1次/年
车高仪	检测单元	1. 外观是否有污染、损伤；	√	
		2. 确认工作是否正常；	√	
		3. 调整光轴；		√
		4. 发射和受光部的清扫；		√
		5. 确认设定高度		√
	控制单元	1. 外观有无污染、损伤；	√	
		2. 工作状态；	√	
		3. 测量仪、显示灯有无异常；	√	
		4. 配电部分检查		√
电视监控设施	摄像机	1. 外观有无污染、损伤；	√	
		2. 动作确认；	√	
		3. 防护罩的清洁；	√	
		4. 电流电压测量；		√
		5. 调整聚焦及焦距		√
	安装部位	是否松动、锈蚀		√
	控制装置	1. 外观是否污染、损伤；	√	
		2. 操作是否灵敏、正常；	√	
		3. 与紧急电话等的联动试验；	√	
		4. 与防灾控制的联动试验；	2 次/月	
		5. 电压、电流测量；	√	
		6. 设备清洁；		√
		7. 机内保养		√
	传送装置	1. 外观检查是否有油污、损伤；	√	
		2. 电压、电流测量；		√
		3. 测定传送水平		√
	操作台	1. 外观有无污染、损伤；	√	
		2. 功能是否正常	√	
	监视器	1. 外观有无污染、损伤；	√	
		2. 除尘；	1 次/周	
		3. 图像是否清晰、稳定	√	
	录像机	走带及录像质量测试	1 次/周	
播音设施	中波播音装置	1. 行车接听试验；	√	
		2. 外观有无污染、损伤；	√	
		3. 电压及输出功率测定；		√
		4. 调制输入确认；		√
		5. 设备清洁		√

续上表

设施名称	检查项目	主 要 检 查 内 容	经常性检修 1 次/(1～3)月	定期检修 1 次/年
播音设施	扩音装置	1. 外观是否有污染、损伤；	√	
		2. 电压、电流测量；		√
		3. 确认输出功率；		√
		4. 设备清洁		√
	操作平台	1. 外观有无污染、损伤；	√	
		2. 紧急播音试验；		√
		3. 监控试验；		√
		4. 电流、电压测量		√
	话筒	1. 外观检查；	√	
		2. 紧急播音试验		√
	扩音器	1. 安装状态检测；		√
		2. 接听试验		√
	空中线路	有无腐蚀、损伤		√
可变信息板	全部	1. 外观检查；	√	
		2. 检查自动闭合器的动作；	√	
		3. 配线断路器、电磁接触器、变压器等有无异常；		√
		4. 显示板及继电器的安装状态；		√
		5. 接发信号水平测定；		√
		6. 各接线端子是否松动；		√
		7. 更换坏灯		√
计算机主控系统	全部	1. 外观检查；		√
		2. 各部位检查、清洁、加油；	√	
		3. 各部位的电压、电流检查；		√
		4. 发热检查；		√
		5. 病毒的防治；	√	
		6. 系统启动的动作确认；		√
		7. 线路板检查、清扫；		√
		8. 控制软件维护与系统联动；		√
		9. 打印设备状况检查；		√
		10. 磁带存储设备的动作检查及磁头行车与清洁；		√
		11. 系统的开机检查与维护		√
中控室	全部	1. 温、湿度及清洁检查；	1 次/周	
		2. 地板抗静电检查		√

表 G-4　消防与救援设施经常性检修、定期检修主要项目

设施名称	检查项目	主要检查内容	经常性检修	定期检修
			1次(/1~3)月	1次/年
火灾报警器	火灾传感器	1. 感应部的清洁； 2. 各回路的报警随机抽检试验	√ √	
	手动报警按钮	报警信号及传输测试	√	
消火栓及灭火器	全部	1. 有无漏水、腐蚀、软管损伤； 2. 确认灭火器的数量及其有效期； 3. 室外消火栓的放水试验及水压试验； 4. 灭火器腐蚀情况，有无失效； 5. 泡沫消火栓的使用与防渣检查； 6. 消火栓的放水试验； 7. 寒冷地区消防管道的防冻检修	√ √ √	 √ √ √ √
自动阀	全部	1. 外观检查，有无漏水、腐蚀； 2. 操作试验是否正常； 3. 导通试验； 4. 保温装置的状况	√ √ √	 √
泵	全部	1. 运转时有无异响、振动、过热，压力上升时闸阀的动作是否正常； 2. 外观有无污染与损伤； 3. 轴承部位加油与排气检查； 4. 启动试验与自动阀同时进行	√ √ √ √	
电动机	全部	1. 运转时有无异响、振动、过热； 2. 外观有无污染、损伤； 3. 电压、电流检测； 4. 启动试验； 5. 各连接部情况； 6. 绝缘试验	√ √ √ √ √ √	
配水管	全部	1. 有无漏水，闸阀操作是否灵活； 2. 管支架是否腐蚀、松动； 3. 洞外及隧道内水管的防冻； 4. 管过滤器清洗	√	 √ √ √
横通道门	全部	是否开关自如	√	
紧急停车带	全部	有无障碍物	√	
水池	全部	1. 有无渗漏水； 2. 水位是否正常及水位计是否完好； 3. 泄水孔是否畅通； 4. 水池的清洁； 5. 寒冷地区保温防冻检查	√ √ √	 √ √
紧急电话	全部	1. 外观有无污染、损伤； 2. 通话效果试验； 3. 内部检查； 4. 测定输入输出电流； 5. 强制切断试验； 6. 测定接地阻抗	√ √	 √ √ √ √
引导设施	全部	有无污染、损伤	√	

附录 H　固沙措施一览表

表 H　固沙措施一览表

类型	沙障种类	设置形式、方法、规格、要求	适用条件和性能
平铺式沙障	土类压沙	利用黏质土全面铺压或带状铺压固沙，铺压厚度为50mm左右，带状铺压应与主导风向垂直，带宽一般为100～200mm，带与带间隔为10～15m	适用于产有黏质土地带的流沙防护，多用于路堤流沙的防护。 全面铺压黏质土，雨水难以渗入沙层内，影响沙丘水分，不利于植物固沙。因此，当配合植物固沙时，需改为带状或格状铺压为宜，维持年限较长
	沙石类压沙	利用粗沙、卵石全面铺压或带状铺压固沙，铺压厚度以不超出其最大粒径为度，对于强风地区不宜用粗沙覆盖。 带状铺草要求同上	适用于产有沙石地段的流沙防护。 砾、卵石具有凝结水的作用，有利于植物生长。维持年限长。但较费工，尤其在流动沙丘地带，由于运输较困难，所以，多用于平坦流动沙地和靠近路旁的流沙防护
	铺草压沙	利用草类全面铺压或带状铺压固沙，铺压厚度50mm左右，用草绳或枝条纵横固结，或者用沙压盖，以免为风所吹蚀。 带状铺草要求同上	适用于产有草类地段的流沙防护。 有利于植物生长，具有简单易行的优点，但材料用量较大，并易于引起火灾。 维持年限3～5年
	席或笆块压沙	用草类和枝条编制成席或笆块，全面铺压固沙，搭接处需用小桩固定	适用于路侧局部沙丘的处理。因其编织较费工，且材料用量大，大面积采用较困难。 维持年限3～5年
	喷洒盐、碱水	在我国沙漠地区分布着许多盐池、碱湖，利用天然盐、碱溶液喷洒沙面，形成坚实的板结层或硬壳，借以达到固沙目的	具有抗风能力较强、简单易行、效果好等优点，是一种就地取材、因地制宜的有效措施
高立式枝柴沙障	高立式枝柴沙障	材料以灌木枝柴为主，如沙柳等。高度在1.0m以上，根据当地风的状况，分为条状、带状、格状三种规格形式，均为透风结构。单一风向地区采用条、带状形式；在风向多变地区采用格状。 条间距离5～10m，并与主风向垂直； 带间距离10～20m，每带3～5行构成； 行间距离为2～3m，并与主风向垂直； 格状为5m×5m和5m×10m	适用于产有枝柴地区的流沙防止。 该种沙障由于系透风结构，因此具有将整体气流分为若干小气流，化强为弱，从而抑制流沙活动的性能，并能较均匀地散布外来沙，有一定的阻沙作用。 有利于植物固沙。 如在适宜季节（春、秋）用新砍伐的沙柳做沙障，掌握好埋植深度，尚能成活一部分，效果较好
低立式沙障	隐蔽式柴草沙障	设置方法：先在沙地上开挖宽150～200mm的沟，然后将柴草竖直放入沟中（如柴草过长，可横向摆好，然后用锹竖直切入），踏实两边的沙（或在沟中填沙，踏实），要求障顶与沙表相平或不超过50mm。根据风的情况，可为格状或条状，格状规格1.0m×1.0m或1.0m×2.0m，条状规格：条距为1.0m或1.5m，并与主风向垂直	适用于路旁流沙的防护，具有固定就地沙，使外来沙顺畅通过、施工简单易行等优点。 适用年限较同类材料的外露沙障为长

续上表

类型	沙障种类	设置形式、方法、规格、要求	适用条件和性能
低立式沙障	半隐蔽式柴草沙障	设置方法:对于流动沙丘,在迎风坡先设主带,即与主风向垂直的沙障,后设副带,即与次要风向垂直的沙障(对格状沙障而言),主带从迎风坡下部开始向上进行;在背风坡,宜先设副带,再自下而上设置主带。柔韧性的柴草沙障,对于较硬的柴草(如沙蒿、板条等)需开挖边槽,然后埋入沙中,并将沙障两边的沙踏实。 沙障外露高度以150~300mm为宜。 沙障的埋植深度,应根据沙丘不同部位的风蚀程度而定。一般情况下,埋入深度与外露部分的比例为1:2。 沙障规格,主要是根据当地风的状况和沙面起伏程度而定。在单一风向作用下(包括反向风),可设置成条状,并与主风向垂直,间距以1~2m为宜;除主风向外,还有其他风向作用时,可设置为格状。方格愈小,固沙能力愈强。一般以1m×1m及1m×2m两种规格为主(与主风向垂直方向的距离为1m,与次要风向垂直方向的距离为1m或2m)。 如草类过长,可适当放大规格尺寸。当沙面坡度大时,规格尺寸则应小些,反之应适当放大些	适用于产有草类的路侧大面积流沙的防治。该种沙障既有效地降低沙表风速,削弱风蚀作用,从而稳定大面积流沙,又能阻挡部分外来沙,并使外来沙较均匀地分布在整个障内,具有固、阻双重作用。工程造价较低。 既可作为植物固沙的较理想辅助措施,又可作为进行植物固沙困难地段的一种永久性的防护措施(但需经常维护)。 该种沙障,是目前我国公路、铁路防沙常用的一种固沙措施。 草类沙障维持年限约2~3年; 沙蒿、柳枝沙障维持年限3~5年
	半隐蔽式黏土沙障	黏土沙障是用黏质土碎块堆成的小土埂,高200~300mm,底宽500~700mm。在风向单一的地区为条状,土埂与主风向垂直;在风向多变的地区,则设成格状,土埂间距为1~2m。 为减少黏质土用量,可利用就地沙堆成沙埂,然后封闭50~100mm厚的黏质土,予以拍实,同样可达到上述效果	适用于产有黏质土地区的流沙防治。 该种沙障简单、易行、省工,具有固沙保水作用,有利于植物生长。 单一黏质土沙障,用土量大。 维持年限长
	半隐蔽式草皮沙障	草皮规格:长×宽=400mm×200mm。铺设有三种形式:①错缝层铺,高度300~400mm。②错缝斜立铺设(先用就地沙堆成沙埂,然后斜立铺设),横断面为梯形,高度300~400mm,底宽500mm。上述两种,根据当地风的状况,可为格状或条状,间距1~2m。③平铺	适用于有草皮产地的流沙防治。 施工简单、省工,具有固沙保水作用,有利于植物生长。 平铺式多用于路旁的流沙防护。 缺点是易于干缩。 维持年限3~5年

附录I 公路机电系统检查、检测及维护周期表

表I-1 监控系统检查、检测及维护的主要项目和周期

序号	项 目	周期	备 注
1	除尘、保洁	d	机房保洁每日一次，摄像机(含镜头)为每月一次，外场设备为每季一次，其他设备每周一次
2	地图屏、投影显示屏各项显示功能检查	d	键入命令观察
3	闭路电视设备检查	周	观察、检查，编解码器和视频切换器每季检查一次
4	车重测量仪设备检查	周	现场检查积水或杂物，机箱、紧固螺(栓)丝。车重测量仪应定期送检
5	一氧化碳浓度、烟雾浓度等环境检测装置	周	观察、检查、保洁与维护
6	交通调查数据采集设备检查	周	检查，检测精度测试每季一次，其中车速用手持式测速器测试对照，车型、流量与人工测试对照
7	浪涌保护器检测	月	性能测试，夏季雷雨季节应及时检查
8	计算机系统维护	月	功能测试，数据保存、备份设备整理，网络及系统目录和文件的维护，系统软件、防病毒软件升级与补丁
9	隧道照明、风机、消防喷淋等的控制系统	月	实际操作，检查其控制功能
10	桥梁检测装置的检查和检测	月	试验、检查
11	通信功能与传输性能测试	季	测试
12	车辆检测器性能测试	季	车速用手持式测速器测试对照，流量与人工测试对照
13	线缆、电源、接插件检查、测试	季	万用表测试(室内为每周一次)
14	可变信息标志显示屏亮度与光控	季	亮度计检测，光控功能试验
15	区域控制器、匝道控制器功能检测	季	试验
16	视频光端机发送功率、接收灵敏度检测	年	用光功率计测试
17	气象检测仪检查	年	检查和调整灵敏度，必要时检查和校准传感器
18	外场设备的箱体、门架和紧固件	年	检查、紧固螺(栓)丝，除锈、油漆
19	绝缘电阻测试	年	500V 兆欧表测试
20	接地电阻测试	年	接地电阻测定仪测试

表 I-2　收费系统检查、检测及维护的主要项目和周期

序号	项　　目	周期	备　　注
1	除尘、保洁	d	收费车道亭内设备及费额显示器、雾灯、车道通行灯、电动与手动栏杆等
2	发卡机保养	周	IC 卡:每周检查和清洗驱动轮,每两周检查紧固件、驱动轮; 磁卡:每周清洗磁头,清理纸屑,调整跳板,每月上油、更换色带
3	报警系统、闭路电视检查	周	检查、保洁,摄像机镜头清洁、机身除尘
4	读卡机保洁	周	IC 卡:读卡机清洁; 磁卡:每周清洗磁头、传感器,每季调整传送带
5	电源测试	月	万用表测试
6	浪涌保护器检测	月	性能测试,夏季雷雨季节应及时检查
7	缆线、接插件	月	观察、检查,及时调整、更换、紧固
8	对讲系统性能检查、录音设备保洁	月	试验、测试、调整(包括录音设备)与保洁
9	数据保存、备份	月	数据磁带
10	车道设备检查	月	包括费额显示器、雾灯、车道通行灯等,发现故障,及时维修
11	车道控制器	月	每月箱内除尘、风扇清洁,每季空气过滤器清洁,每年更换过滤器
12	电动、手动栏杆	月	紧固、加润滑油、校准
13	车辆检测器	季	线圈电感量、绝缘电阻、功能测试
14	票据打印机	季	清洁,及时更换色带
15	路侧读写单元与天线控制器	季	雷雨季节,应适当增加检查次数
16	计算机系统维护	季	测试,软件修改后应立即测试
17	传输功能测试	年	测试
18	外场附属设备	年	防腐、涂漆
19	绝缘电阻测试	年	500V 兆欧表测试
20	接地电阻测试	年	接地电阻测定仪测试

表 I-3　通信系统检查、检测及维护的主要项目和周期

序号	项　　目	周期	备　　注
1	数字传输系统监测和记录	d	包括误码秒(ES)、严重误码秒(SES)事件次数，误码计数、误码率(BER)、不可用时间和各类告警等
2	电源和设备状态显示检查	d	每天交接班时检查记录，紧急电话电源每季一次
3	数字程控交换机、IP 网络设备运行状况检查	d	告警、工作电压，数字程控交换机还应包括中继闭塞、设备和电路变更等状况，IP 网络设备还应包括路由器的路由表、端口流量、交换机的 VLAN 表和端口流量等
4	机房与设备保洁、除尘	周	设备表面清扫除尘每周一次，机顶、走线架、配线架及机框内部清扫除尘每年一次
5	浪涌保护器检测	月	性能测试，夏季雷雨季节应及时检查
6	数字程控交换机、IP 网络维护	月	包括防尘滤网除尘或更换，数字程控交换机磁带机清洁、系统时间核准、后备磁带(光盘)制作、告警记录分析等
7	紧急电话总机、分机外观与功能检查、维护	月	检查并进行通话试验
8	数字传输系统网管数据备份	季	数据修改后和网管系统升级前应及时做好数据备份
9	光电缆线路巡视检查	季	尾纤(缆)、终端盒、配线架外观检查每月一次，人孔内检查有无积水、垃圾每半年一次
10	数字程控交换机性能测试	季	包括告警性能、中继线电路、迂回路由、I/O 设备诊断等，障碍自动诊断、信号音电平、计费差错率等测试每年一次
11	无线通信设备的检查	季	转发器功率及接收灵敏度、收信机分路器隔离度及损耗、天馈系统、发信机合路器损耗和系统控制器功能等测试
12	数字传输系统倒换试验、光功率测试	半年	包括更换滤尘网，网管无此功能可不测发送和接收光功率
13	电缆绝缘电阻测试	年	绝缘电阻测试仪抽测 10% 芯线
14	光纤通道后向散射信号曲线测试检查	年	OTDR 测试
15	数字传输系统通道误码性能测试	年	每个组抽测一个通道，在线测试 24h
16	无线铁塔检查	年	天线、避雷针、地线、紧固螺丝、锈蚀和基础等
17	强电端与外壳的绝缘电阻测试	年	500V 兆欧表测试
18	防雷和接地检查	年	防雷测试仪和接地电阻测定仪测试

表 I-4　供配电系统检查、检测及维护的主要项目和周期

序号	项　目	周期	备　注
1	电力变压器检查	d	按变压器的要求进行声响、温升、瓷套管、负荷、冷却、通风装置、高低压接线、周围环境等检查
2	油枕和气体继电器的油位、油色及密封检查	d	油浸式变压器检查项目,目测检查油位、油色及有无渗油、漏油现象
3	低压配电设备检查	d	包括母线及接头的温度、绝缘瓷瓶、电缆及其终端头、熔断器的检查
4	有值守变配电所巡视并记录	班	每年一次或每次短路跳闸后进行定期维修
	无人值守变配电所(包括箱式变电站)	周	
5	低压配电室的通风、照明及安全防火装置	周	观察,包括周围情况,发现问题,及时整改
6	低压供配电设备的无功功率电容器	周	检查与维护
7	二次系统的设备工作状况	月	包括仪表、继电器,以及电力监控远程终端等
8	架空、电缆线路巡查和维护	月	巡查,发现异常情况,及时处置
9	接地装置检查	月	接地连接处有无松动、脱落、断线
10	照明设备巡视检查	月	包括灯具、配电箱的检查,发现损坏更换
11	交流稳压器、开关电源、不间断电源、太阳能电池、外场电源箱等电源检查	季	不间断电源、蓄电池每周一次;柴油发电机每周开机一次,并进行例行保养,二、三级保养
12	高压开关电器	半年	隔离开关、断路器、负荷开关、熔断器的检查
13	管道、人井维护和线路检修	半年	及时排水和检修
14	照明设备的清扫与检修	半年	保洁与维修,包括光控、时控、高杆灯的升降器
15	低压供电设备检修	年	更换已损器件,箱式变压器两年一次预防性试验
16	接地电阻测试	年	接地电阻测定仪测试
17	变压器和避雷器绝缘保护和放电试验	两年	宜由电业部门进行

本规范用词说明

执行本规范时，对条文严格程度的用词按以下写法，以便在执行过程中区别对待。

1　表示很严格，非这样做不可的用词：

正面词采用“必须”，反面词采用“严禁”。

2　表示严格，在正常情况下均应这样做的用词：

正面词采用“应”，反面词采用“不应”或“不得”。

3　表示允许稍有选择，在条件许可时应首先这样做的用词：

正面词采用“宜”，反面词采用“不宜”。

4　表示有选择，在一定的条件下可这样做的，采用“可”。

附件

《公路养护技术规范》

（JTG H10—2009）

条 文 说 明

1 总则

1.0.1 原规范实施多年以来,对提高和规范我国公路养护与管理工作发挥了很大作用,但随着公路建设和养护事业的迅速发展,原规范的某些内容已不适应当前公路养护事业的发展需要。为此,交通部相继制定并发布了公路沥青路面、公路水泥混凝土路面、公路桥涵、公路隧道等专业性养护技术规范及公路养护安全作业规程等,并且还将陆续制订和发布多部专业性养护规范(或技术指南)。

为了进一步加强公路养护,统一和规范公路及其沿线设施的养护质量标准,提高公路养护质量和服务水平,对现行各规范进行整合,制定一部综合性的具有普遍指导意义、重点突出公路养护主要技术指标和标准要求的《公路养护技术规范》十分必要。

1.0.2 本规范适用于各级公路的养护工作。对于厂矿道路、林区道路以及风景旅游区内部道路等专用公路,由于其使用功能、服务对象等各不相同,因此不包括在本规范的适用范围之内,但也可参照执行。

1.0.3 公路养护的基本任务是:

(1)贯彻“预防为主,防治结合”的方针,加强预防性养护,提高公路的抗灾害能力。

(2)加强公路及其沿线设施的基本技术状况调查,及时发现和消除隐患。

(3)保持公路及其沿线设施良好的技术状况,及时修复损坏部分,保障公路行车安全、畅通、舒适。

(4)吸收和采用新技术、新工艺、新材料、新设备,采取科学的技术措施,不断提高公路养护工程质量,有效延长公路的使用寿命,降低路桥设施的全寿命周期成本,提高养护资金使用效益。

(5)加强公路的技术改造,以适应公路交通事业的不断发展。

1.0.4～1.0.6 条文规定了公路养护工作应遵循的技术政策。公路养护工作应切实贯彻“科技兴交,科学养路”的方针,推广和应用先进的养护技术和科学的管理方法,加强综合治理,积极推广养护机械,重视资源节约和环境保护,注意保护农田,保护路旁景观和文物古迹。

公路养护应积极运用路面、桥梁、隧道等管理系统,建立数据库,这是科学发展进入信息时代的要求,是公路养护决策科学化的必要条件。

注重养护生产作业安全,保障养护作业人员和设备的安全及车辆的安全运行。

1.0.7 原规范中,对高速公路和普通公路的养护工程分类分别作出规定。本规范为统一标准,同时考虑随着交通量的迅速增长,高速公路也可能实施改建工程,如四车道公路拓宽改建为六车道、八车道等,因此,将高速公路和普通公路的养护工程进行统一分类,分为小修保养、中修工程、大修工程和改建工程等四类。相关作业内容按部颁《公路养护工程管理办法》(交工路发〔2001〕327 号)执行,使其既适用于高速公路,又适用于普通公路,以便于合理安排养护作业。

1.0.8 公路养护质量的考核,应严格按照现行《公路技术状况评定标准》(JTG H20)执行。

此前,公路养护质量检验评定标准分为普通公路和高速公路两部标准,分别为《公路养护质量检查评定标准》和《高速公路养护质量检评方法》,其采用的质量指数、分项指标及计算方法均有所不同。现为了统一标准,部决定将两部标准合并修订为《公路技术状况评定标准》(JTG H20—2007),作为今后对所有公路的养护工作进行检验、评价的依据。

3 路基

3.1 一般规定

3.1.1 路基是公路的重要组成部分，是路面的基础。路基质量的优劣，必然影响路面质量，影响公路的使用质量和服务水平，因此，必须保证路基的高度密实和稳定，这是路面坚实、平整和稳定的基本保证。

本条规定了路基养护的基本要求。路基作为路面的支承结构物，它必须具有足够的强度和稳定性、耐久性。路基养护应根据公路所在地区气候特点，地理、地质条件，加强预防性养护，采取相应的技术措施，防治各种病害。

3.2 路肩与边坡

3.2.1 本条规定了路肩养护的基本要求。路肩起着保护路面在行车作用下不致横向变形和在紧急情况下临时避车的作用。当路肩由于车辆碾压或雨水侵袭等产生病害时，应根据路肩类型及时维修处治。

根据现行《公路工程技术标准》(JTG B01)关于公路建筑限界的规定，在建筑限界内，不得有任何部件和物体侵入。由于历史的原因，在部分二、三、四级公路上，特别是四级公路绿化时，在路肩上(建筑限界内)栽植乔木的情况比较普遍，也有少数公路附属设施(如标志、标牌等)设置在建筑限界内，影响公路的通视和有效空间，影响交通安全。由于行道树树枝侵入公路建筑限界而导致的交通事故也有发生，因此，在养护中应逐步消除此类情况，保障公路建筑限界空间不受侵占。对于养路材料，应在路肩外设置堆料台堆放。

对土路肩可种植草皮或利用天然草加固路肩。种植草皮应选择适宜于当地土质、易于成活和生长的草类。采用铺草皮或利用天然草加固土路肩时，草皮或天然草应定期修剪，草高不宜超过150mm，以利于排水，并保持路容美观。

3.2.2 边坡稳定是保持路基稳定的必要条件，边坡发生病害，应采取相应的技术措施维修和加固。为使边坡状况尽可能与周边自然景观相协调，在有条件的路段应优先采取植物防护坡面技术，如种植灌木、铺草皮或种植香根草——一种从马达加斯加等国引进的生长繁殖快、耐旱又耐涝的禾科多年生植物。也可采用“液压喷播”、“客土喷播”和“岩质坡面喷混植生技术”等技术措施。

“液压喷播”是利用液态播种原理,先将植物种子(草种、花种或树种)或植物体的一部分(芽、根、茎等可发芽萌生的部分),经科学处理后混入水中,并配以一定比例的专用配料(如肥料、纸浆、黏合剂、保水剂、土壤改良剂等),通过喷播机搅拌,利用高压泵体的作用,喷播在公路路基坡面,促使其生长而形成坡面植被的技术措施。

“客土喷播”技术主要应用于稳定的砂、砾质以及风化岩质边坡坡面,将植物种子、保水材料(高吸水树脂)、稳定材料(水泥和合成树脂类土壤稳定剂)、疏松材料(木糠、谷壳等)、客土和肥料等,经科学配方和混合,通过压缩空气喷于坡面,经过良好养护,生长成植被。

“岩质坡面喷混植生技术”是对裸露的岩质边坡,利用人工配制的有机植物生长基材,配以黏结剂、固网技术,喷射于坡面,使这层适合于植物生长的有机物料紧贴坡面,通过成孔物质的合理配置,使种植基土壤固体、气体、液体三相物质处于平衡状态,创造草类与灌木的良好生长环境,再选用草、灌、藤等种子混合配方,进行液态喷播,以得到石质坡面生态复合功能。

对于土质(或高度风化)路基边坡,河(湖)滩、河(湖)岸、常年受水淹和风浪侵袭的路堤边坡,以及经常有浮石坠落或土块坍落的路堑高边坡,如植树、种草等效果不佳,应采取抛石防护、石笼防护、浆砌或干砌块(片)石护坡,或挡土墙防护(图 3-1 ~ 图 3-3),也可考虑喷混凝土、设置碎落台等措施,或采取铁丝网、尼龙编织网、高强塑料网格等,铺于坡面

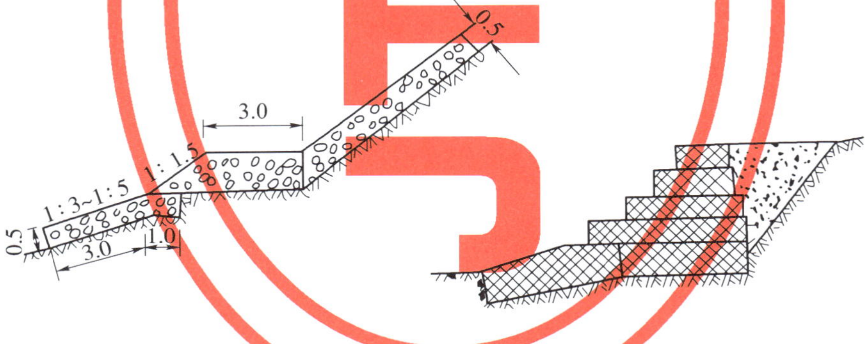

图 3-1 石笼护坡(尺寸单位:m)

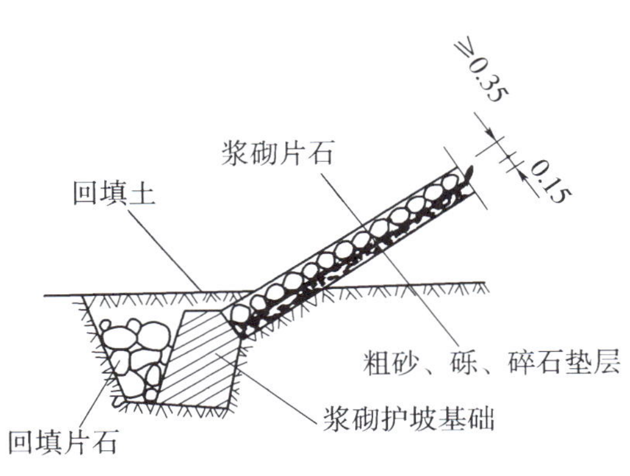

图 3-2 浆砌片石护坡(尺寸单位:m)

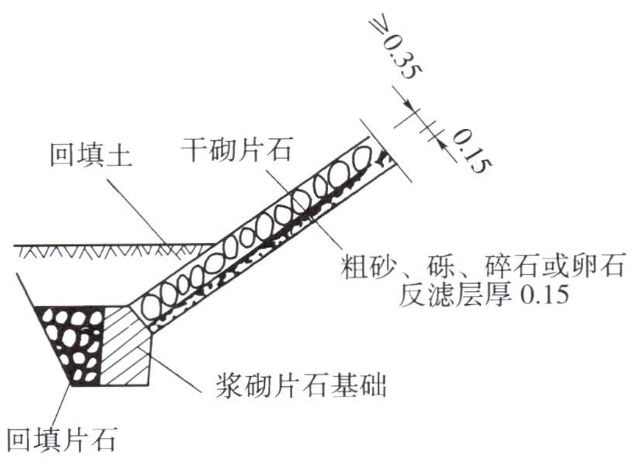

图 3-3 干砌片石护坡(尺寸单位:m)

并固定之,在网格内种草,或铺砌框格形砌块,然后在框格内种草等措施。对于路堑(半路堑)不稳定高边坡,根据边坡的地质条件,除选择采取以上加固措施外,也可打抗滑桩稳固边坡。如有条件,推荐采用预应力锚索钢筋混凝土框格梁加固防护,其原理是锚索一端插入并固定于边坡下基岩或不动体(钻孔、灌浆),另一端施加预应力,并锚固于浇筑在坡面的钢筋混凝土框格梁上,使边坡坡体在可能失稳之前就受到主动加固支护。采用钢筋混凝土框格梁能有效地使所有锚索整体受力,防止体积较大的孤石在失稳时导致单根锚索受力而破坏。框格梁及锚索的规格尺寸经设计计算确定。

3.3 排水设施

3.3.1 路基排水设施包括地面和地下排水设施。地面排水设施通常有边沟、截水沟、排水沟、泄水槽、跌水及急流槽、拦水带等;地下排水设施有暗沟、盲沟、渗沟、有管渗沟、洞式渗沟及防水隔离层等。

3.3.2 本条规定,路基排水设施的断面尺寸和纵坡应符合原设计标准。路基边沟沟底应保持不小于0.5%的纵坡,平原地区排水困难路段应不小于0.2%。边沟连续长度过长对排水不利,应分段设置横向排水沟将水流引离路基。其分段长度一般地区不超过500m,多雨地区不超过300m;若为三角形边沟,其长度不宜超过200m。当土质边沟纵坡大于3%时,应采取浆砌或干砌块(片)石加固,也可用水泥混凝土浇筑加固,其厚度一般为150~250mm。

3.4 挡土墙

3.4.1 挡土墙发生病害时,应根据病害情况合理选择加固方法进行加固。当挡土墙产生裂缝、断裂(无沉降错台)并已停止发展时,应在清缝后用水泥砂浆填塞,也可用环氧树脂等材料灌注黏合。

当挡土墙发生倾斜、局部鼓出、滑动或下沉等病害时,可采用下列方法之一进行加固:

(1)锚固法:适用于水泥混凝土或钢筋混凝土挡土墙。采用直径在25mm以上的高强螺纹钢筋做锚杆,穿入预先钻就的孔内,用水泥砂浆灌满钢筋插入(扩孔后的)岩体部分并固定锚杆,待砂浆达到一定强度后,对锚杆实施张拉,然后用锚头固紧(图3-4)。必要时,在加固前,可先在挡土墙外侧设置锚杆的断面处现浇宽300~400mm、厚150~250mm的水泥混凝土条块,以供埋置锚头之用。

(2)套墙加固法:在原挡土墙外侧加宽基础、加厚墙体。采用套墙加固时,应注意新旧基础、墙体的结合,方法是凿毛旧基础和旧墙体,必要时可设置钢筋锚或石榫增强联结(图3-5)。

(3)增建支撑墙加固法:在挡土墙外侧每隔一定间距增建支撑墙。支撑墙的基础埋置深度、尺寸和间距通过计算确定(图3-6)。

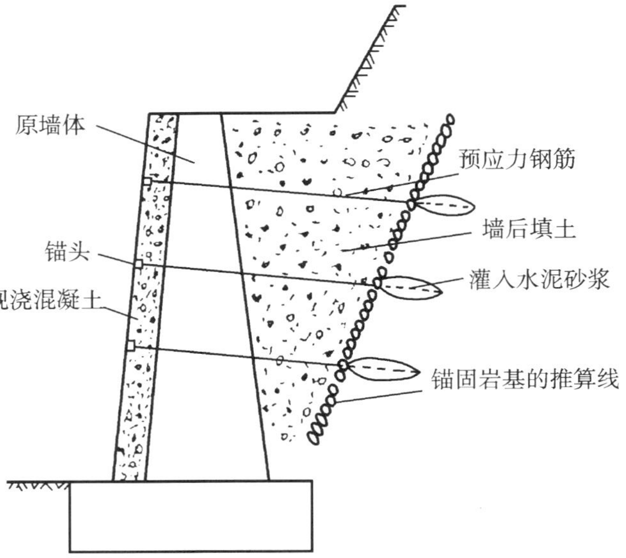

图 3-4　锚固法

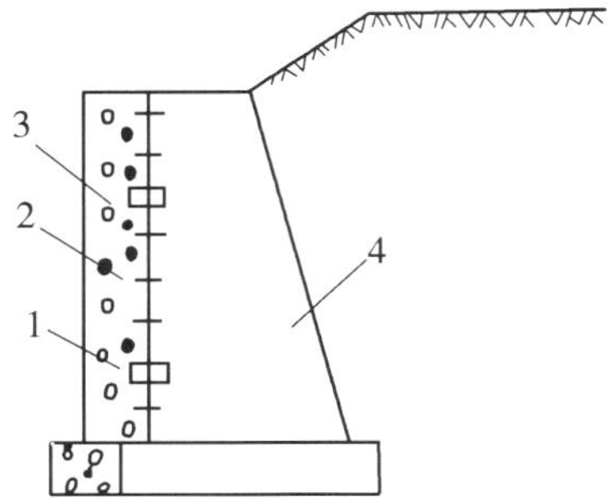

图 3-5　套墙加固法
1-连系石榫;2-钢筋锚栓;3-套墙;4-原挡土墙

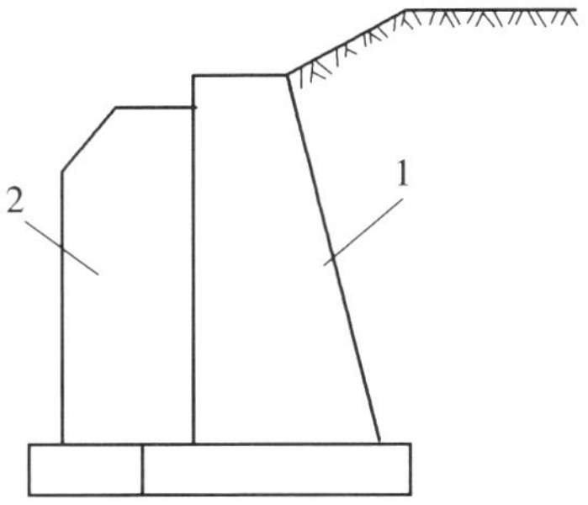

图 3-6　增建支撑墙加固法
1-原挡土墙;2-支撑墙

3.4.2　挡土墙的泄水孔应保持畅通。当泄水孔被堵塞而无法疏通时,应另选适当位置增设泄水孔,或在挡土墙背后沿挡土墙增设排水设施。一般可增设盲沟将水引离路基,以防止墙后积水引起土压力增加或冻胀,进而损坏挡土墙。

3.6　特殊地区路基

3.6.2　地表 1m 以内的土层,易溶盐(如氯化盐、硫酸盐、碳酸盐等)含量大于 0.3% 时称之为盐渍土,此时土的质量受到盐分影响而发生变化。用盐渍土填筑的路基,遇水易发软,强度迅速降低。本条旨在强调做好排水工作,可采取下列措施:

(1)加密、加大或加深排水沟。

(2)对于发生春融、坍塌或溶陷地段应采取打砂砾桩、换填风积砂或矿料、设置护坡道等措施进行加固。

(3)在路基中设置砂砾隔断层,阻止盐分上渗。

(4)当边坡出现沟槽、溶洞、松散等病害时,也可采用盐壳平铺或砂砾黏土平铺拍实加固。

3.6.3 黄土在天然含水量时具有较高强度和较小压缩性,但浸水后其结构很快被破坏而发生剧烈变形,强度迅速降低。黄土地区路基受雨水侵袭后,易发生沉陷、沟槽、坍塌、松散等严重病害。本条规定应采取各种有利于稳定路基的处治措施,主要措施有:

(1)加强排水,减少水流对路基的侵蚀(如采取拦水带、急流槽,加大、加深或加固边沟等措施)。

(2)拍紧、拍实边坡,防止坡面松散。

(3)种植适合黄土地区生长的花草或铺草皮加固坡面。

(4)三合土抹面加固坡面。对高路堤可采取葵花拱式砌块铺砌,或将边坡开挖成台阶,台阶宽度不小于1m(图3-7、图3-8)。

图3-7 葵花拱式浆砌边坡

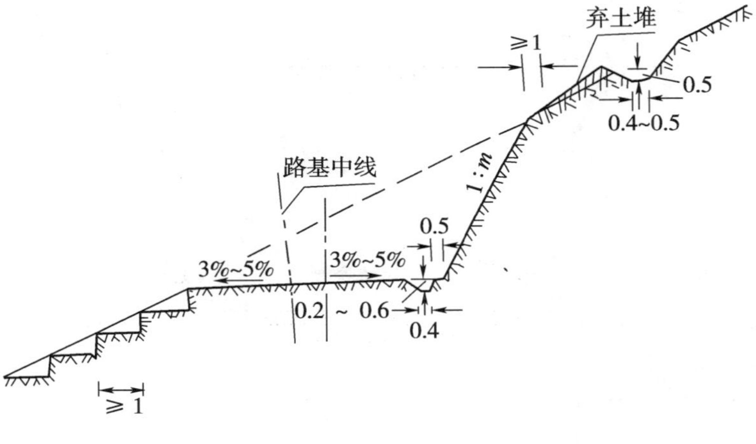

图3-8 边坡疏松土挖台阶(尺寸单位:m)

3.6.6、3.6.7 多年冻土地区路基的排水沟、截水沟应保持深度不小于0.6m,沟底宽度0.4~0.6m,边坡一般为1:1.0~1:1.5。截水沟应设置于填土路基坡脚上方20m以外、路堑边坡坡顶5m以外。当地下冰层较厚时,排水沟、截水沟不宜过深,必要时可加设挡水埝。当路基处于有涎流冰的山坡时,可在路基上侧边沟外增设聚冰坑和挡冰墙(图3-9),也可在公路边沟外侧上方10~15m外山坡开挖与路线平行的深沟,沟深1~1.2m,底宽0.8~1.0m,以截断活动层泉流,使冬季涎流冰聚集在离公路较远处。

3.6.8 泥沼和软土地区路基的病害处治有加深边沟降低水位、修筑反压护道、换填砂砾石或碎石、抛石挤淤等措施(图3-10～图3-12),或采用"现浇水泥混凝土薄壁筒桩"、"粉体喷射搅拌桩"和"复合载体夯扩桩"等技术进行加固,也可采用砂石垫层、石灰桩、砂井(桩)、袋装砂井、塑料排水板及土工织物滤垫等方法,以改善排水条件,稳固路基不致沉陷。

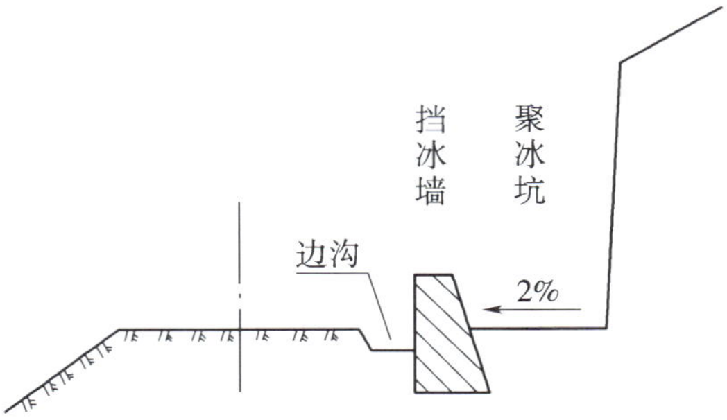

图3-9 挡冰墙、聚冰坑

"现浇水泥混凝土薄壁筒桩"是一种空心薄壁结构,其主要原理是根据筒桩的设计壁厚,制作成钢质双层环状桩体(类似钢质模板),连同环形水泥混凝土桩尖打入路基土层,在双层钢质桩体形成的夹层空间内灌入水泥混凝土(同时逐渐拔出钢质桩体,桩尖脱离留于基底),形成环状薄壁桩,利用其桩身内外的摩阻力及桩尖阻力提高地基及路基土的承载力。

图3-10 用反压护道加固软土路堤

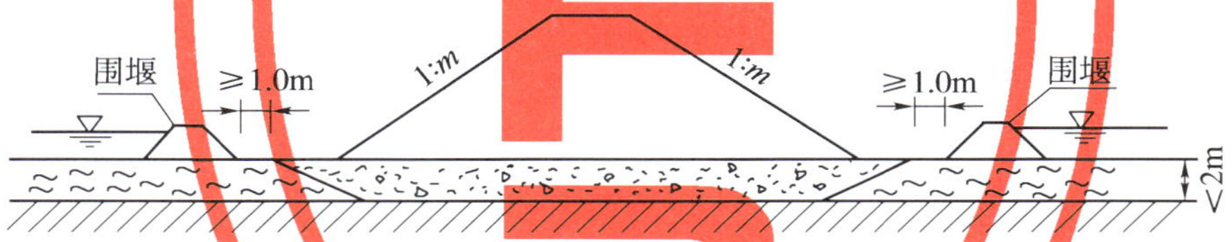

图3-11 换填砂砾石(碎石)

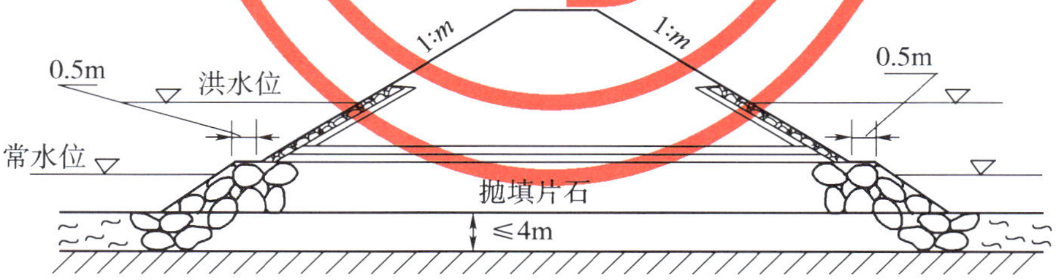

图3-12 抛片石挤淤

"粉体喷射搅拌桩"是利用专用的粉喷搅拌钻机,将水泥等粉体固化剂强行喷入软土地基中,利用固化剂与软土之间所产生的一系列物理化学反应,使软土结成具有一定强度的不规则桩体而形成复合地基的技术措施。

"复合载体夯扩桩"是利用打桩设备,将软土层在钢质护筒内用细长重锤夯压至设计深度,而后填入碎石、碎砖、干硬性水泥混凝土等填充料继续夯压,在其底部挤密土体,形成复合载体(挤密体),然后灌注水泥混凝土桩身,振捣密实(同时缓慢拔出护筒),从而形成深层复合地基,提高地基的变形模量,使其承载能力较原状土的承载能力有较大幅度的提高(图 3-13)。

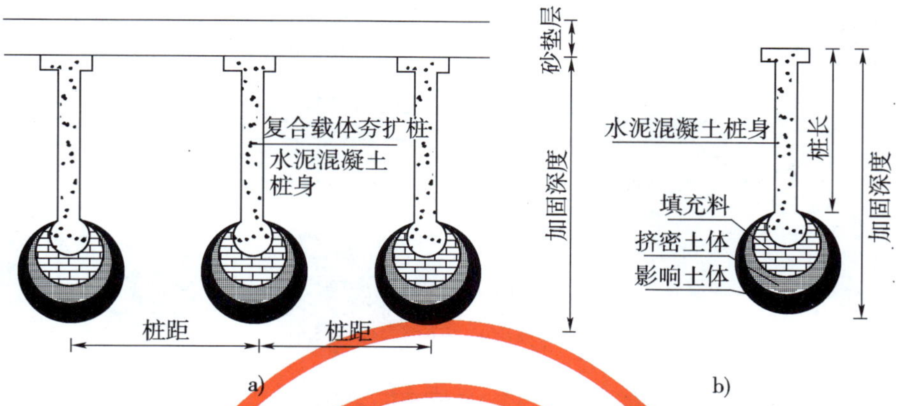

图 3-13 复合载体夯扩桩结构

a)复合载体夯扩桩剖面;b)复合载体夯扩桩详图

3.7 路基翻浆与沉陷处治

3.7.1 潮湿地段的路基在冰冻过程中,土中的水分不断向上移动聚集,引起路基土冻胀,春融时路基湿软、强度急剧降低,在行车作用下,路面发生“弹簧”、鼓包、冒浆、车辙、沉陷等现象,形成路基翻浆或沉陷。路基翻浆或沉陷主要发生在我国北方各省份和南方季节性冰冻地区以及泥沼、水网、软土等地区。

本条为了正确分析路基翻浆原因,针对不同情况采取相应措施,列出翻浆分类及分级表,以供选择处治措施时参考。

3.7.2 路基翻浆或沉陷的处治方法主要有:在路肩上开挖横沟排除路表积水、砂桩、砂砾垫层防治,深挖边沟、提高路基高度、路基换填透水性良好的砂质土,以及设置隔离层、盲沟降低地下水位等措施(图 3-14 ~ 图 3-17),也可采用铺设砂垫层改善路面结构以隔断毛细水上升或铺设水泥稳定类、石灰稳定类、石灰工业废渣类等路面基层,提高路面板体

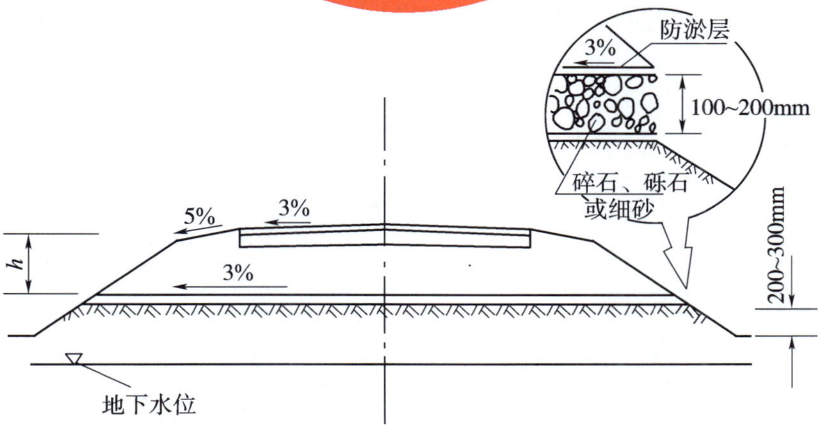

图 3-14 粗粒料透水隔离层

性、水稳定性和力学强度。对于高速公路、一级公路,应采取更彻底的处治措施,如在路基土内压注水泥砂浆、现浇水泥混凝土薄壁筒桩、粉体喷射搅拌桩、砂桩、砂井、袋装砂井、塑料排水板、土工织物滤垫等技术措施。

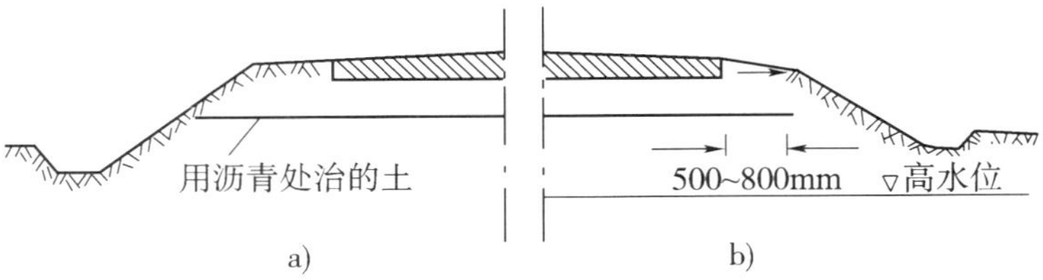

图 3-15 不透水隔离层

a)贯通式;b)不贯通式

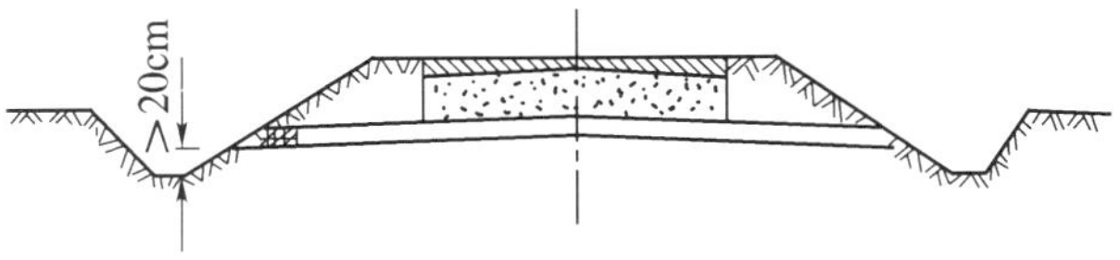

图 3-16 横向盲沟布置图

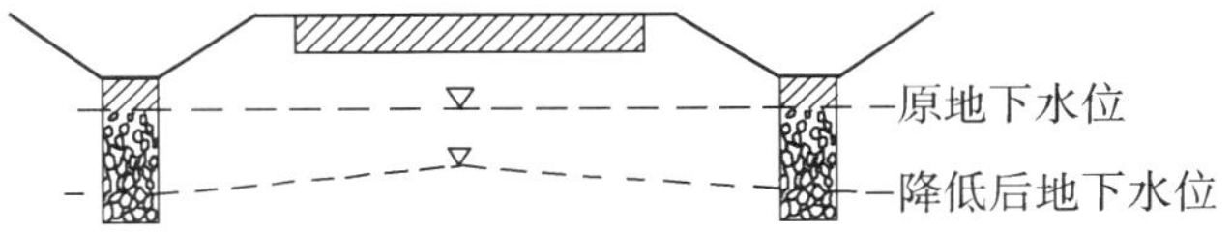

图 3-17 路基两侧边沟下面的盲沟

3.7.3 软土地区公路桥梁大多采用长基桩基础,沉降相对较小,而路堤则直接填筑于软土地基而沉降量较大。由于路堤与桥梁的沉降量差异而产生错台,引起桥头跳车。处治桥头跳车有多种方法,主要有:

(1)较为简便的是养护中随着路堤下沉加铺桥头路面,即所谓桥头接坡。此方法的缺点是延续时间长,不易彻底消除错台。

(2)采用桥头钢筋混凝土搭板,一般长度为 6 ~ 8m。此法仅适用于桥头路堤较小沉降,如沉降较严重,反而使搭板两头形成两次跳车。

(3)较为彻底的方法是改变桥头填土的物理性质,如路基土内压注水泥砂浆、现浇水泥混凝土薄壁筒桩、粉体喷射搅拌桩技术或打砂桩、砂井、袋装砂井及塑料排水板等技术措施。

3.8 路基局部改建

3.8.1 边通车边施工的路基局部改建时的施工长度,原规范规定不超过 1km。当前,由于施工机械化程度不断提高,工程规模不断扩大,特别是高速公路,当因交通量迅速增长需增加行车道数量而进行拓宽改建时,施工长度往往达数十公里,因此,仍规定为施工长度不超过 1km,势必对施工机械和施工队伍的调度带来困难,特别是高速公路的拓宽改建工程。因此,本条对施工长度不作硬性规定,仅要求施工长度不宜过长,施工时,可根据现有公路性质、交通量情况及施工机械、施工队伍的配备合理确定。

4 路面

4.1 一般规定

4.1.1 路面排水系统的维修养护和改善是公路养护体系的一个组成部分。实践证明，路面过早损坏多数是由于水渗入路面结构而造成的。因此当路面出现裂缝、坑槽、水泥混凝土路面接缝损坏等病害时，应尽快将损坏部分修复，同时应做好地面排水设施的养护。

4.1.2 路面管理系统为公路管理部门制订养护对策、分配养护资金、确定养护优先次序和养护工作计划提供决策依据，各地应积极推广使用路面管理系统。数据库是路面管理系统的基础，在使用的过程中，各地应重视并做好数据的采集、更新和数据库的完善工作。

4.2 沥青路面

4.2.1 本条规定了沥青路面养护的基本要求，主要包括技术政策、技术措施、计划管理和安全、环保措施等。

沥青路面的养护应贯彻“预防为主，防治结合”的方针，加强日常巡查，及时采取措施，修复损坏部分，使路面处于良好的技术状况。

沥青路面的科学养护有赖于推广应用路面管理系统，通过采用科学的检测手段和仪器，对路面进行正确的评价分析，提出科学的养护对策。

4.2.2 本条规定了沥青路面养护应符合现行《公路技术状况评定标准》（JTG H20）的规定。

随着公路里程的不断增加，渠化交通的加剧、车辆载重的不断提高，公路车辙已成为一个日益突出的问题，因此，应加强对公路车辙的养护与修理。

4.2.3 本条规定根据不同的公路等级和各项路况的评价结果，如路面损坏情况及强度、平整度、抗滑等指标，应分别情况确定相应的养护对策，以保持沥青路面良好的技术状况。

4.2.4 本条规定了沥青路面日常养护的基本技术要求，其中尤为重要的是做好初期养护，这对于沥青路面日后的使用质量、使用寿命将起关键作用，同时也可相应减轻日后的日常养护工作量。因此,对此应予以高度重视。

4.2.5 沥青路面常见病害主要有裂缝、拥包、沉陷、车辙、波浪与搓板、冻涨、翻浆、坑槽、麻面与松散、泛油、脱皮、啃边、磨光等,应根据病害的类型、程度,采取相应的技术措施。病害的修复质量应符合沥青路面养护标准,同时,当涉及路面基层及面层的大面积修复时,应符合现行《公路沥青路面施工技术规范》(JTG F40)及《公路路面基层施工技术规范》(JTJ 034)的有关规定。

4.2.6 公路沥青路面罩面是指在路面结构强度指数符合标准的情况下,在其上加铺混合料薄层对路面其他病害进行处治,一般情况下,可分为普通型(罩面)、防水型(封层)、抗滑型(抗滑层)。

(1)普通型:一般铺筑的厚度较厚,主要是处治路面破损,恢复路面平整度。

(2)防水型:主要是防治路面裂缝、渗水采取的封层处治措施,如单层封层、稀浆封层(微表处)等。

(3)抗滑型:当沥青路面的抗滑系数不能满足正常的行车安全要求(低于养护质量最低标准值)而采取的铺筑抗滑层的处治措施。

4.2.7 当路面结构承载力下降、混合料质量差、路面不稳定等因素造成路面严重损坏,采用其他养护措施无法恢复沥青路面原有技术状况时,应考虑对路面进行翻修并对旧料再生利用。在确定翻修之前,应对路面进行详细的调查,一般每50~100m路面进行取样试验,对材料进行分析,同时对路面结构强度指数(PSSI)进行测定,并根据交通量和公路等级进行翻修厚度设计。

对于再生沥青混合料,一般分为热拌和冷拌两种,热拌又可分为厂拌和路拌两种。根据资料,热拌再生沥青混合料一般用于一、二、三级公路路面面层的中、下层,也可用于高速公路路面的中、下层。冷拌再生沥青混合料一般只能用于四级公路。

4.2.8 本条从补强设计、补强层材料类型及结构形式的选择、补强前对原有路面的技术状况进行详细调查、补强实施前对原有路面的技术处理、路面补强与桥涵衔接部位的处理以及补强设计中材料设计参数的选择应用等作出了较为详细的规定。

对于路面补强的施工,应注意防止新旧基层之间出现夹层,影响路面的稳定性,应切实做好新旧层之间联结。对于旧基层出现的松散或强度不足的部分应予以挖除,换填水稳定性好的材料并整平碾压密实至设计规范的规定;调拱时,应注意调拱层的厚度适宜,太薄了会影响调拱层的稳定性。同时应做好路缘石及排水系统的整修和完善。

采用新材料(如土工格栅、土工织物、玻璃纤维格栅等土工复合材料)、新工艺进行沥青路面补强时,施工工艺的选用是保证工程质量的关键。因此,在大面积补强施工前,应选择试验路段进行试铺,取得经验后进行大面积施工,同时应切实加强补强路段的初期养护。

4.2.9 本条规定了沥青路面加宽的基本要求，并分别对基层加宽、路面双侧加宽、路面单侧加宽等各种情况作了相应的规定。路面双侧加宽又可分为双侧相等加宽（图4-1）和双侧不相等加宽，而双侧不相等加宽路面如两侧加宽差值在1m以下时，可不必调整横坡（图4-2）；如两侧加宽差值大于1m时，应同时对路拱横坡予以调整（图4-3）。

对于路面单侧加宽，加宽一侧必须设置调拱层，并注意三角调拱层与上下路面结构层的联结（图4-4）。

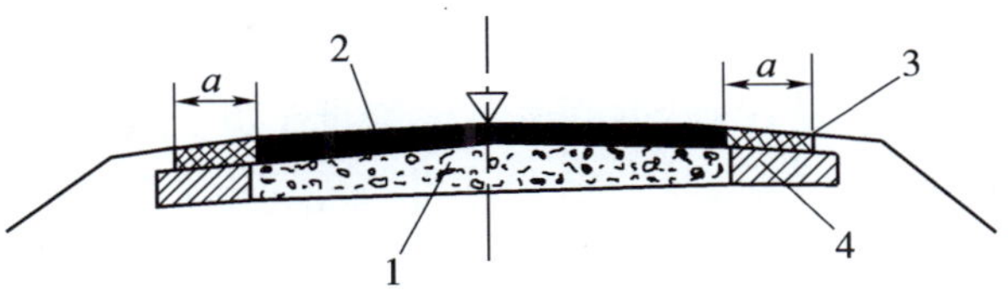

图4-1 两侧相等加宽路面

1-原基层；2-原路面；3-加宽面层；4-加宽基层

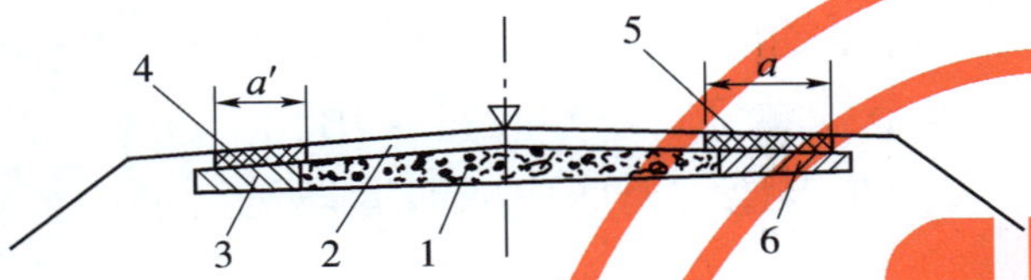

图4-2 两侧不相等加宽路面（$a - a' < 1\text{m}$）

1-原基层；2-原面层；3-加宽基层较窄；4-加宽面层较窄；5-加宽面层较宽；6-加宽基层较宽

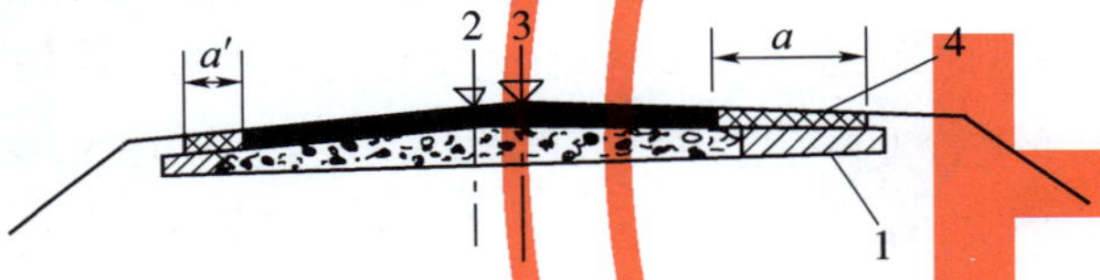

图4-3 两侧不相等加宽路面（$a - a' > 1\text{m}$）

1-加宽基层；2-原路拱中心点；3-新铺路拱中心点；4-加宽面层

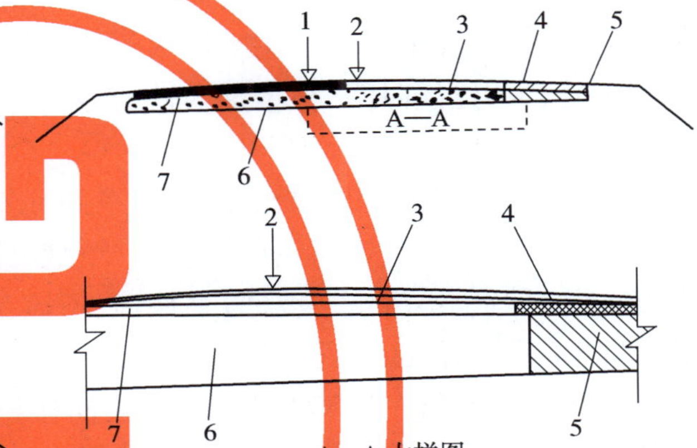

A—A 大样图

图4-4 单侧加宽路面

1-原路拱中心；2-调拱后中心；3-调拱三角垫层；4-加宽面层；5-加宽基层；6-旧基层；7-旧面层

4.3 水泥混凝土路面

4.3.1 水泥混凝土路面的特点是，在养护良好的条件下，使用年限比其他路面长；但如疏于日常养护，一旦开始破损，就会引起破损迅速发展，且修复困难。因此，加强水泥混凝土路面的预防性、经常性的保养工作显得十分重要，对小的病害应及时维修，防止病害扩展。随着交通流量的日益增大，其日常养护工作应以机械作业为主，以减轻养护人员的劳动强度，提高效率。养护人员上路作业时，必须穿着标志服，做好自身的劳动保护，机械设备应漆成统一醒目的标志色。

路面清扫保洁是水泥混凝土路面养护的一项日常工作，应根据不同路段的实际情况加强清扫，保持路面整洁。不同类型路面连接处及平面交叉道口容易污染，因此要求勤加清扫，即清扫频率要高于路面和分隔带。路面上的小石子在行车碾压下容易破坏路面和嵌入路面接缝，同时还会造成飞石伤人、毁车，因此应及时予以清除。

4.3.2 接缝是水泥混凝土路面特有的构造，接缝的好坏直接影响路面的使用寿命。水泥混凝土路面的接缝可分为纵缝、横缝两大类。

填缝料凸出板面的高度,与错台的要求一致,其原因是考虑填缝料凸出板面后造成的路面不平整特性与错台相似。在实际作业时,应尽量做到不高于路面。

气温较高时混凝土板膨胀,如填缝料本身压缩性能及热稳性差,就容易产生填缝料外溢甚至流淌到接缝两侧的板面,影响路面平整度和路容的美观。

填缝料的更换周期,主要取决于填缝料自身的寿命与施工质量,以及各地的气候特点和路面条件,一般宜2~3年更换一次。之所以要作出规定是因为水泥混凝土在使用时应定期更换填缝料。美国、英国的养护手册都提出了周期或寿命的要求。填缝料的日常更换是指对填缝料局部脱落、缺失、损坏的填实和更换,是一项经常性的养护工作。

填缝料的灌注深度,一般为30~40mm。当填料深度较大时,应设置垫底材料或支撑条,主要是为了保证路面在正常使用的条件下尽量节约填缝料以求经济实用。

填缝料的更换时间,根据国内外的经验,应选择在当地气温居中的时间段进行。一般在春秋季节实施。

填缝料更换时的工作质量直接关系到其使用寿命和路容的美观,因此应一丝不苟,精心施工,确保其密实、饱满、黏结良好。填缝材料应选择具有与混凝土板壁黏结牢固、回弹性好、不溶于水、不渗水,高温时不挤出、不流淌,抗嵌入能力强、耐老化龟裂、负温拉伸量大、低温不脆裂、耐久性好等性能的材料。填缝料有常温施工式和加热施工式两种,其技术指标应符合现行《公路水泥混凝土路面接缝材料》(JT/T 203)的规定。加热施工式填缝料主要有沥青玛蹄脂类、聚氯乙烯胶泥类、改性沥青类等。高速公路、一级公路应优先使用树脂类、橡胶类或改性沥青类填缝材料,并宜在填缝料中加入耐老化剂。

清缝、灌缝宜使用专用机具,主要是为了保证质量,提高工作效率。

4.3.3 水泥混凝土路面应加强日常巡查和定期检查,与其他路面和结构物的检查分类基本一致。主要是根据目前各地实际情况提出的,许多省、市已形成制度,且经实践证明是合理的。

4.3.4 日常巡查以目测为主,检查路面病害的发展趋势,为养护单位安排次日的养护作业提供依据。其检查频率应视交通流量、路面使用年限、气候变化等适当增加。

“妨碍交通的路障”主要是指路面中的石(砖)块、堆积物等影响交通正常通行和易引发交通事故的障碍物体。

检查记录格式宜由各省、区、市根据具体情况自行确定。主要内容为检查的路线名称、具体时间(年、月、日、时)、发现的问题、处理结果、检查人等。

4.3.5 定期检查是对路面破损状况、行驶质量、结构承载能力和抗滑能力等技术指标进行检测与总体评价。通过定期检查,可制订养护技术对策,安排养护工作项目的优先次序,确定年度大中修和改建项目。

每次定期检查的情况和所得的数据应按要求及时整理,输入数据库等管理文件。这些信息资料是动态的，应及时更新。

路面破损状况、行驶质量、结构承载能力和抗滑能力的检测方法和评定标准应符合相关规范规定。

4.3.6、4.3.7 路面破损状况、行驶质量和抗滑能力按优、良、中、次、差5个等级评定。它们反映了路面状况满足使用要求的程度，也反映了需要采取的养护对策水平。高速公路、一级公路和其他等级公路应分别符合现行《公路技术状况评定标准》(JTG H20)的规定。

4.3.8 本条规定了公路各技术等级评定后相应的养护对策与措施，虽然综合评定时作了量化处理，在实际决策时，仍需结合当地的经济条件或管理者的经验进行选择。路面状况的养护对策水平，可简分为日常养护、局部或个别板块的修补、全路段的修复或改善等。行驶质量和抗滑能力评定等级为中及中以下(高速公路及一级公路)，或者次及次以下(二级及二级以下公路)的路段，需采用全路段修复或改善措施。

路面结构承载能力不足而需铺筑加铺层，属于改建范畴。可参照有关设计和施工规范进行加铺层的设计和铺筑。

4.3.9 旧混凝土局部板块凿除应采用液压镐，以免影响相邻板块。需对损坏基层或垫层进行清除的，由于修补面积较小，难以碾压，可采用C15贫混凝土进行补强，补强后的标高应与原基层顶面标高相同，并设置横向盲沟，以免路基积水。尤其是路肩路面化的，应设置盲沟。

4.3.10 水泥混凝土路面裂缝缝隙小于3mm且边缘无碎裂现象，适用于直接灌浆。直接灌浆材料，宜采用聚氯乙烯胶泥、焦油类填缝材料、橡胶沥青等加热施工式填缝料或选用聚氨酯油类常温施工式填缝料。

如采取扩缝灌浆，可按下列顺序进行：

(1)顺着裂缝扩宽成15~20mm的沟槽，槽最大深度不得超过2/3板厚。

(2)清除缝内松散碎屑，并吹净灰土后，填入粒径3~6mm的清洁石屑。

(3)将灌缝材料注入扩缝内。

(4)灌缝材料达到通车强度后，开放交通。

条带罩面法适用于裂缝贯穿于板块全厚，且缝宽大于3mm、小于15mm的情况。施工可按以下顺序进行：

(1)在距裂缝两侧150mm处，切割平行于横缝(或纵缝)且深70mm的缝槽。

(2)凿除两切缝之间的混凝土。

(3)于裂缝两侧垂直于裂缝每隔500mm打一对深为70mm的钯钉孔(孔的间距为200mm——裂缝两侧各100mm)，并在两钯钉孔之间打一条与钯钉孔直径相一致的钯钉槽。

(4)安装钯钉。钯钉宜采用ϕ16mm螺纹钢筋。钯钉长度为200mm，弯勾长度70mm。

(5)浇筑混凝土,振捣密实,抹平后,喷洒养护剂。

(6)混凝土达到强度后,开放交通。

4.3.11 确定板块脱空的方法,国内外普遍采用弯沉测定法,也可以在现场观察,当载重车通过时,根据混凝土是否垂直位移和发生"咚咚"响的脱空声音,来判断板块是否脱空。

混凝土面板弯沉测定应采用5.4m长杆弯沉仪、BZZ—100标准轴载检测车。弯沉仪测点与支座应放在同一板块的接缝处。

在《美国路面修复手册》中,凡弯沉值超过0.635mm的,应确定为板块脱空。根据我国的实践,弯沉值超过0.2mm的,应确定为板块脱空。

灌浆孔的布设应根据路面板的情况及灌浆机械确定。灌浆孔数不能过多,孔与孔之间的距离也不能过短,孔与面板边的距离不应小于500mm,以避免破坏面板的整体强度。一般一块面板上的灌浆孔数量以5个为宜。

灌浆材料可采用沥青、水泥浆、水泥粉煤灰和水泥砂浆。

4.3.12 水泥混凝土面板的拱起、胀起、坑洞等病害,尤其是拱起病害,极易引起交通事故,因此应尽快处治。拱起有高有低,拱起愈高,拱起两侧的影响板块愈多。在处治时应先将拱起板块两侧附近1~2条横缝切宽,待应力充分释放后切除拱起端(切缝宽不应大于50mm),逐渐将板块恢复原位,并对已切的缝灌填接缝材料。胀起的处治与之相同。

坑洞分个别坑洞和连片坑洞。对个别坑洞,应清除洞内杂物,用水泥砂浆等材料填充密实;对连片坑洞,应将这些病害集中起来,划为一个施工面,进行罩面处治。

当采用沥青混凝土进行罩面时,为使罩面层与旧混凝土面板黏结牢固,应对旧混凝土面板进行切槽处理,并在罩面施工前刷一层黏层剂。

4.3.13 在水泥混凝土路面上刻槽,对处治路面磨光病害效果较显著。纵向刻槽与横向刻槽相比,纵向刻槽可以降低噪声,提高行车安全性,目前国内外已应用较多。

对陡坡、急弯路段的水泥混凝土路面进行刻槽,能有效改善路面的抗滑能力。

4.3.14、4.3.15 旧水泥混凝土路面病害调查是水泥混凝土路面维修的重要环节,必须认真仔细,逐块调查,做好记录,绘制平面图,以便制订相应的维修对策和修补措施。

在旧水泥混凝土面层上加铺水泥混凝土路面分为结合式、直接式和分离式三类型。结合式加铺层较薄(一般不小于100mm),利用了旧水泥混凝土的强度,要求旧水泥混凝土面板稳定,无较多病害,因此旧水泥混凝土路面应凿毛,施工难度较大;分离式加铺层施工方便,对新加铺的水泥混凝土板块尺寸没有严格的要求,但加铺层较厚且旧板块必须充分破碎、压实;直接式加铺层介于结合式与分离式之间,施工较为简单,旧水泥混凝土板表面不必凿毛,进行清洗即可,但新旧路面伸缩缝位置必须上下对应,以免出现反射裂缝。

钢纤维混凝土适用于桥面、桥头引道、城市道路等净空受到限制的路段。

旧水泥混凝土路面上加铺沥青混凝土路面，要求水泥混凝土面板必须稳定，否则接缝将很快反映到沥青面层，导致路面破坏。迄今为止，无论采用结合式还是直接式加铺，对反射裂缝的问题还没有真正解决，现有的铺设土工格栅、铺贴土工布、粘贴改性沥青油毡，切缝加灌接缝材料，设置半刚性基层和板块击破、压裂等防治反射裂缝的措施，只能延缓反射裂缝的产生。

旧水泥混凝土板块的击破或压裂方式主要有镐头式、冲击式（闸式、多锤头）和高频低幅共振式等。高频低幅共振设备在美国已应用二十多年，施工速度也较快，达到的效果比其他设备理想，但价格昂贵；冲击式因振动大，对公路的构造物和周边的结构物影响较大，因此，在施工时应做好相应的保护措施。

4.3.16 旧水泥混凝土用于集料制备时，首先应对旧水泥混凝土板进行检查。若旧水泥混凝土路面板破坏不属于碱集料反应，旧水泥混凝土中的碎石满足强度要求，则可对旧水泥混凝土板进行再生利用。由于小于20mm的细料强度达不到要求，而且吸水性较强，影响混凝土的和易性和强度，故不宜采用。

将旧水泥混凝土块轧碎加工后用做半刚性基层集料，旧料将得到充分利用，彻底避免产生反射裂缝，但工程造价明显增加。国内目前多采用对旧水泥混凝土路面直接破碎、压裂后用做基层，工作效率较高，但反射裂缝不能根本性解决。

用冲击式设备大面积破碎、压裂的，应用水泥砂浆或沥青灌入板块裂缝内，以便充填旧水泥混凝土块缝隙。对软弱松动的碎块应及时清除，并用C15贫混凝土填实。

4.3.17 水泥混凝土路面的加宽，其目的是为了提高车辆通行能力。当路肩宽度不足时，应拓宽路基。为防止路基的不均匀沉陷而导致路面板纵向开裂，应严格按照公路路基、基层的施工技术规范规定进行施工。

新加宽的基层材料应与原路面基层相一致。为防止新路基的压缩沉陷而造成路面下沉，加宽的路基应特别注意压实度，压路机无法碾压时，应用小型夯实机械充分夯实。新旧路基横坡应相同，以保证路面基层的排水。

水泥混凝土路面加宽宜在稳定的路面基层上进行，同时考虑到水泥混凝土路面调拱的困难性，尽量采用两侧相等宽度加宽。对两侧不相等加宽的路面，如差值超过1m，应进行调拱。在弯道上加宽，应设置超高。加宽的水泥混凝土面板的强度、板厚、横缝应与原面板相一致。为增加加宽部分与原水泥混凝土板的连接，须设置拉杆。

4.4 砌块路面

4.4.1 砌块路面是采用平面尺寸较小（一般为400mm×200mm）而抗压强度较高的水泥混凝土预制块或块石料紧密铺砌而成。砌块路面容易渗水，一旦路面积水，渗入垫层，在短时间内将引起沉陷、错台，同时填缝料在行车的作用下容易散失，荷载传递减小，从而引起砌块松动、破碎。因此，砌块路面的养护关键是及时添加嵌缝料，排除路面积水，保持排水畅通。

及时清扫砌块路面,既可以保持路面的整洁,又可将散失的嵌缝料及时回填。砌块路面应进行人工清扫,机械清扫容易吸走缝隙内的砂料。人工清扫频率应根据路段的交通量大小、路龄和周边环境等情况安排。

4.4.2 本条规定了砌块路面养护标准的最大误差允许值(也即最低要求)。一般情况下,高速公路和一级公路不修砌块路面,只在二级及二级以下公路的山区、陡坡路段修建,因而仅规定一项标准。

4.4.3 砌块间用水泥砂浆做填缝,多用在人行道和停车场。若在公路上用水泥砂浆做填缝,在长期的动荷载作用下,块间接缝处极易损坏,故不宜采用。

砌缝间用砂、砂砾、煤渣等做填料,主要是利用其嵌锁力,防止块料位移,传递荷载。因此,在施工时应将填缝料振捣密实,同时由于填缝料易被行车带出,特别是开放交通初期更易散失,要求加强初期养护,及时将飞散出的砂料扫回捣实或适当添加,使砌块间的缝隙充满填缝料,防止砌块松动。

4.4.4 砌块路面的嵌锁力依赖于块料的尺寸精度。砌块料由工厂(场)制作可达到精确的尺寸。需要更换的砌块应与原路面材质标准基本一致,应到工厂(场)购买,若有条件也可自行制作。

4.4.5 本条具体量化了砌块路面的翻修指标,尚应根据交通量、路段的重要性和经济状况,提前安排翻修。

翻修前须对原有路面损坏进行调查,以便制订翻修方案。

4.4.6 翻修施工应严格按照设计要求进行,同时应对交通进行控制。

4.5 砂石路面

4.5.1 现行《公路工程技术标准》(JTG B01)对砂石路面的概念作出了新的规定。《公路工程技术标准》(JTJ 001—1997)将路面分为高级、次高级、中级和低级四个等级,《公路工程技术标准》(JTG B01—2003)不再提及路面等级,将水泥混凝土路面和沥青混凝土路面称有铺装路面,将沥青表处、沥青碎石、沥青贯入式路面称简易铺装路面,将砂石路面称未铺装路面,并从5个方面规定了砂石路面养护的基本要求。

砂石路面在养护维修时,所采用的材料在符合技术要求的前提下,提倡就地取材和旧料再生利用(和新料参配使用)。

砂石路面翻修和加宽、加厚时,粒料规格应符合现行有关规范的规定;黏土的含量不应大于15%,塑性指数宜为18~27。

级配碎(砾)石路面翻修和加宽、加厚时,其矿料级配应符合表4-1的规定。在天然碎(砾)石材料不能满足表列要求时,应进行人工掺配,组成最佳混合料。

表4-1　级配碎(砾)石路面的矿料级配组成

分类	编号	通过下列筛孔(mm)的质量百分率(%)										塑性指数 I_p
		60	50	40	30	20	10	5	2	0.5	0.075	
碎石	1		100	90~100		68~85	45~70	30~55	20~37	15~25	7~12	12~21
	2			100	85~100	70~90	50~70	50~60	25~40	20~32	8~15	12~18
砾石	1		100	90~100		65~85	45~70	30~55	20~37	15~25	7~12	12~21
	2			100	85~100	70~90	50~70	40~60	25~40	20~32	8~15	12~18
	3			100		85~100	60~80	45~65	30~50	20~32	8~15	12~18

注:1. 碎石路面用圆孔筛时,可用1、2号级配;用方孔筛时,只用2号级配。
2. 砾石路面用圆孔筛时,可用1、2、3号级配;用方孔筛时,只用2、3号级配。

4.5.2 本条规定了砂石路面日常养护工作的主要内容和要求。

雨季和冬季冰雪时节是砂石路面养护的不利季节,应加强日常养护工作。做到雨前注意扫砂匀砂,保持路面平整;雨中注意排水,不使路面、路肩积水;雨后注意刮(铲)补,及时刮(铲)波浪和修补坑洞,冬季加强冰雪防治。

松散保护层的养护应做到勤添砂、勤扫砂、勤匀砂、勤除细粉。

4.5.3 本条要求对砂石路面的各种病害进行及时修复,主要有下列病害的处治:

(1)磨耗层的修理

①磨耗层发生高低不平,应铲去凸出部分,并用同样的润湿混合料补平低凹部分,碾压密实,使其与原磨耗层保持一致。

②局部路段磨耗层大面积被磨损,应清除残存部分,整平洒水润湿,然后按新铺磨耗层的方法用同样的混合料重铺。

③磨耗层经行车碾压而减薄,但还基本可以利用时,可加铺一层封面。

(2)路面坑槽和车辙的修理

①路面发生坑槽和车辙后,应按破损面积大小及深浅程度采取不同方法及时修补。

②面积较小、深度较浅的坑槽和较浅的车辙(小于30mm),用与原路面相同的材料拌和填补并碾压密实。

③坑槽或车辙的面积较大、深度较深(大于30mm)时,应采取挖槽修补措施。

④坑槽或车辙深达路基时,应先处治路基土层,再在其上修铺路面。

(3)路面松散和波浪的修理

①路面出现松散时,应将保护层和松动的材料扫集堆起,按有关要求补充新料、重新拌和摊铺并压实后扫回保护层。

②路面轻微波浪且稳定时,应铲高补凹,保持平整。波浪严重,其波峰与波谷高差达50mm以上时,可按大修处治。

4.5.4 铺筑磨耗层、保护层属中修工程范围,其厚度及级配应符合表4-2的规定。

表4-2 磨耗层厚度及级配组成

编号	通过下列筛孔(mm)的质量百分率(%)						<0.5mm塑性指数	厚度(mm)	适用地区
	30	20	10	5	2	0.5			
1	100	80~100	55~75	40~60	25~50	18~30	15~21	30~40	南方潮湿地区
2		100	75~90	50~70	38~56	18~35	15~21	20~30	南方潮湿地区
3		100	75~90	50~70	38~56	25~40	15~21	20~30	北方半干旱地区
4		100	75~85	55~70	45~55	30~45	>12	30~40	西北干旱地区
5			100	75~100	45~75	25~45	15~21	10~20	南方潮湿地区
6			100	80~95	60~80	35~50	15~21	20~30	北方半干旱地区
7				90~100	60~80	35~55	15~18	10~20	北方半干旱地区

(1)磨耗层的铺筑应严格按放样清底、扫浆、配料拌和、铺料、培肩和碾压、加铺保护层、初期养护等程序进行。

(2)松散保护层一般采用2~8mm的粗砂、砾砂、石屑等材料,厚度一般为5~10mm。材料应坚硬耐磨,粒径均匀,粒径小于0.5mm的颗粒含量不得超过15%。松散保护层粒径规格应符合表4-3的规定。

表4-3 松散保护层粒径规格

编号	粒径规格(mm)	0.5mm以下颗粒允许含量(%)	适宜厚度(mm)	适用范围
1	2~5	<15	5~8	铺有坚实平整的磨耗层,又出产合适的材料时
2	2~8	<15	8~10	磨耗层平整度差或不够坚实,又出产合适的材料时
3	6~10	<15	8~12	磨耗层平整度差,合格料采集困难地区

(3)稳定保护层分为下列几种:

①砂土稳定保护层。材料级配应符合表4-4的规定,压实厚度8~10mm。

表4-4 砂土稳定保护层级配

编号	通过下列筛孔(mm)的质量百分率(%)				<0.5mm的混合料塑性指数	适用条件
	10	5	2	0.5		
1	100	90~100	60~80	35~55	12~18	不过分潮湿和不过分干燥且有坚实平整层的路段

②泥浆砂封面稳定保护层。

③在缺乏砂石材料的半干旱地区,可采用"黏土封面"或"泥浆封面"。

④在冰冻期长的地区,还可采用"冻土封面"保护层。即在大地封冻前,撒铺一层有一定水分的黏土,在封冻时,使它冻结成一层硬土层,以在冰冻季节保持平整和稳定。

5 桥梁、涵洞与渡口

5.1 一般规定

公路桥涵养护应做到：桥涵外观整洁，桥面铺装坚实平整，横坡适度，桥头连接顺适，排水畅通，伸缩缝、支座良好，结构无损坏，标志、标线等附属设施齐全良好。

桥涵构造物的养护，首先应使原结构保持原设计汽车荷载等级的承载要求及设计交通量的通行要求。根据交通发展的需要，也可通过改建来提高承载能力和通行能力。在确定改建工程方案时，应注意新旧结构之间的关系，充分发挥原有结构的作用。

5.2 桥梁检查

5.2.1 桥梁检查分为经常性检查、定期检查和特殊检查。

1 经常性检查：主要指对桥面设施、上部结构、下部结构及附属构造物的技术状况进行的检查。以目测为主，检查从外表可见到的病害和缺陷等，为小修保养计划提供依据。当场填写"桥梁经常性检查记录表"是及时、准确收集信息的重要保证。

2 定期检查：为评定桥梁使用功能，制订养护计划提供基本数据，对桥梁主体结构及其附属构造物的技术状况进行的全面检查，为桥梁养护管理系统搜集结构技术状态的动态数据。

定期检查中，校核桥梁卡片和填写"桥梁定期检查记录表"应在现场及时、准确地完成。缺损原因的判断、维修范围的估定、改建和限制交通的建议工作应慎重进行。

桥梁定期检查应给出检查结论文件：

(1)桥梁定期检查记录表。当天检查的桥梁现场记录，应在次日内整理成每座桥梁定期检查记录表。

(2)典型缺损和病害的照片及说明。缺损状况应说明缺损的部位、类型、性质、范围、数量和程度等。

(3)两张总体照片。一张桥面正面照片，一张桥梁上游侧立面照片。桥梁改建后应重新拍照一次。如果桥梁拓宽改造后，上下游桥梁结构不一致，还应有下游侧立面照片，并标注清楚。

(4)桥梁基本状况卡片。定期检查完成后，应将本次检查的桥梁各部件技术状况评定结果登记在桥梁基本状况卡片内。

(5)定期检查报告。

①辖区内所有桥梁的保养和小修情况。

②需要大中修或改建的桥梁计划，说明维修的项目、拟用的维修方案、估计费用和实施时间。

③要求进行特殊检查桥梁的报告，说明检验的项目及理由。

⑤需限制桥梁交通的建议报告。

3　特殊检查：指查清桥梁的病害原因、破损程度、承载能力、抗灾能力，确定桥梁技术状况的工作。特殊检查分为专门检查和应急检查。

（1）专门检查：根据经常性检查和定期检查的结果，对需进一步判明损坏原因、缺损程度或使用功能的桥梁，针对病害进行专门的现场试验检测、验算与分析等鉴定工作。专门检查的内容及方法是：

①结构材料缺损状况判断，主要有材料损坏程度检测、材料物理化学性能测试、缺损原因分析判断等。

②结构整体性能、功能状况鉴定，主要有结构承载力（强度、刚度和稳定性等）鉴定、桥梁抗洪能力的鉴定等。

③公路旧桥材料性能检测是对其结构及部件的材料质量所存在的缺陷状况进行详细检测、试验、判断的过程，主要有混凝土现场检测和钢筋锈蚀检测。

混凝土现场检测分为混凝土强度检测、碳化深度检测、缺陷损伤检测。

混凝土强度检测的主要方法有非破损检测法（回弹法、超声法、超声回弹综合法）、半破损检测法（钻芯法、贯入法、拔拉法、拉脱法）。

缺陷损伤检测主要有混凝土均匀性、综合面质量、表面损伤层、不密实区和空洞、浅裂缝、深裂缝检测。主要方法有超声波探伤法、目测法、声波检测法、声发射检测开裂活动法、射线照相法、防射测定法、红外线热测法、雷达检测法等。

钢筋锈蚀的检测分直接检测和间接检测两种。直接检测方法有半电池电位检测法、重量损失法、截面损失法 3 种。间接检测方法有混凝土碳化深度的现场检测、保护层厚度现场检测、电阻率检测、氯离子含量检测、气透性检测等 5 种。

④公路旧桥结构性能检测是对其结构及部件的工作性能所存在的缺陷状况进行详细检测、试验、判断的过程，包括承载力检测与承载力评价两方面。承载力鉴定的主要方法是荷载试验（静载试验 + 动载试验）。

（2）应急检查：当桥梁受到灾害性损伤后，为了查明破损状况，采取应急措施，组织恢复交通，对结构进行的详细检查和鉴定工作。

技术状况为五类的桥梁，只是在其技术状况偏向四类、区分不明显时才考虑进行专门检查。随着养护经费增多、养护条件改善以及交通量的增长，从可能和需要两个方面考虑，应逐步增加进行荷载试验专门检查的桥梁。

特殊检查中，现场勘测、试验和验算，三个方面缺一不可。最终应有鉴定结论。

特殊检查应提出结论报告，报告文件包括下列主要内容：

（1）概述检查的一般情况。

（2）描述目前的桥梁技术状况。

(3)详细叙述检查部位的损坏程度及原因,并提出结构部件和总体的维修、加固或改建的建议方案。

5.2.2 桥梁技术状况评定分为一般评定和适应性评定。

1 一般评定

桥梁的一般评定包括桥梁各部件技术状况评定及确定桥梁部件及全桥总体技术状况分类两部分工作。

各部件技术状况评定是依据缺损程度、缺损对结构功能的影响程度、缺损发展变化状况进行量化评分。

在综合评定时,可根据各部件的重要程度按现行《公路技术状况评定标准》(JTG H20)给出不同的权重进行计算,得出桥梁总体技术状况。

2 适应性评定

承载能力评定是将桥梁的实际承载能力与现行设计荷载标准的荷载效应进行比较,反映结构能否达到承载要求。通行能力评定是将设计通行能力与现行交通量进行比较,也可和使用期预测交通量进行比较,反映桥梁能否满足当前(或使用期)交通量的要求。适应性评定通常与定期检查、特殊检查结合进行。

如遇设计洪水或超设计洪水,应结合水毁调查,于当年进行一次抗洪能力评定。对经常受洪水威胁的山区公路桥梁,宜每年进行一次抗洪能力评定。

5.3 桥梁上部结构及桥面系

5.3.1 本条主要规定了钢筋混凝土及预应力混凝土桥的养护和加固的主要技术要求。

钢筋混凝土梁的主要病害大致可归纳为混凝土表面缺陷、露筋及钢筋锈蚀、联结构件开焊和开裂,以及裂缝超限。

钢筋混凝土梁式桥加固方法,可归纳为加强构件截面加固法和改变结构受力加固法两大类。

加强构件截面加固法主要有绑扎钢筋骨架并与原有骨架连接浇筑钢筋混凝土加大截面、转换截面形式、粘贴钢板、加预应力、植筋和粘贴复合纤维板等。

改变结构受力加固法主要有加大截面、增加横隔板数量、调整连续梁支座标高、更换主梁、加大边梁截面及配筋等方法。当依据提高承载力幅度来选择加固方法时,可按下述考虑:当承载力相差较大时,选用更换主梁、加大钢筋混凝土断面、预应力加固及改变结构受力状态;相差较小时,可选用粘贴钢板法或粘贴碳纤维法。

(1)预应力加固法

①体外预应力加固法能在提高结构极限承载能力的同时改善结构的应力和变形状态。其中预应力拉杆加固法主要用于受弯构件,而预应力撑杆加固法适用于提高轴心受压以及偏心受压钢筋柱的承载能力。体外预应力加固法适用于中小跨径梁式桥,对于较大跨径的桥梁,一般需配合其他加固法进行综合加固。

加固结构的性能和受力特征与后张法无黏结部分预应力结构相似,可采用无黏结预应力结构理论进行设计计算。

预应力拉杆采用高强粗钢筋,将粗钢筋的两端用槽钢固定在主梁的两侧,槽钢的上端用螺栓穿孔固定在主梁上,下端装上紧固件,以供张拉预应力粗钢筋时使用。

②预应力混凝土的T梁或工字梁,可采用在梁底加设预应力水平拉杆(图5-1)进行加固,以提高梁的抗弯能力。

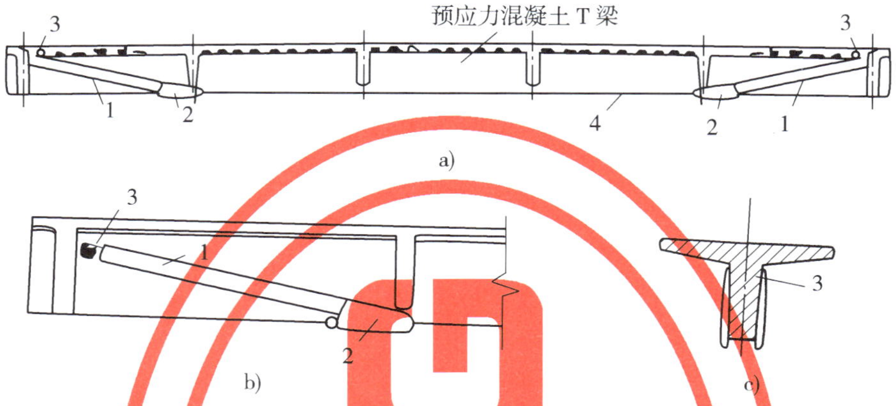

图5-1　T梁体外预应力杆加固

1-小槽钢;2-紧固件;3-固定点;4-预应力拉杆

③在桥下净空许可的条件下,可采用在梁(板)底下加八字撑加固(图5-2)。

④当需大幅提高承载力时,可采用组合式预应力补强拉杆进行加固,即采用水平补强拉杆和下撑式组合加固。此法对梁的补强效果较好。

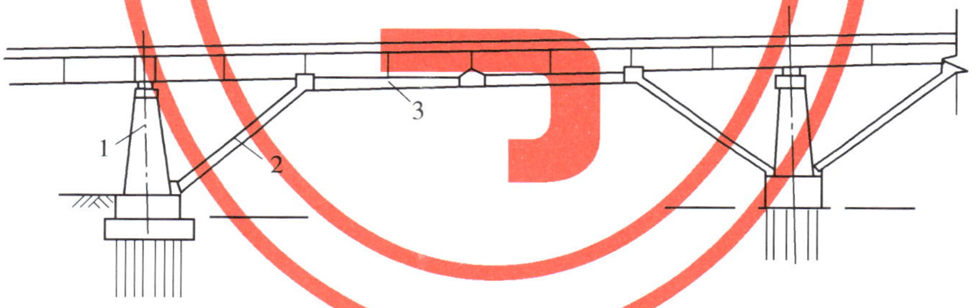

图5-2　梁下加八字撑加固

1-原桥墩;2-钢筋混凝土斜撑;3-钢筋混凝土水平撑

(2)增大截面和配筋加固法

当梁的强度、刚度、稳定性和抗裂性能不足时,通常采用增大构件截面、增加配筋、提高配筋率进行加固。此法是在梁的顶面、底面或侧面加大尺寸,增加主筋,提高梁的有效高度和抗弯强度,从而提高桥梁的承载力。增大截面和配筋加固法的关键是新、旧混凝土联结问题,植筋技术和界面胶能有效地解决这个问题。此法适用于截面尺寸偏小或截面刚度不足以及用其他加固法没有足够锚固长度时。

(3)粘贴钢板加固法

当桥梁出现承载力不足,构件出现严重的裂缝时,采用黏结剂及锚栓,将钢板粘贴锚固在混凝土结构的受拉缘,使其与结构形成整体,达到提高梁的承载能力及正常使用状态下抗裂的作用(图5-3)。合理与安全的设计应控制在钢板发生屈服变形前,黏结处混凝土不出现剪切破坏。确保钢板与被加固构件形成整体受力是加固成功与否的关键。这需要钢板具有足够的锚固长度,黏结剂具有足够的黏结强度和耐久性,同时用植入锚筋加强钢板与混凝土的联结。

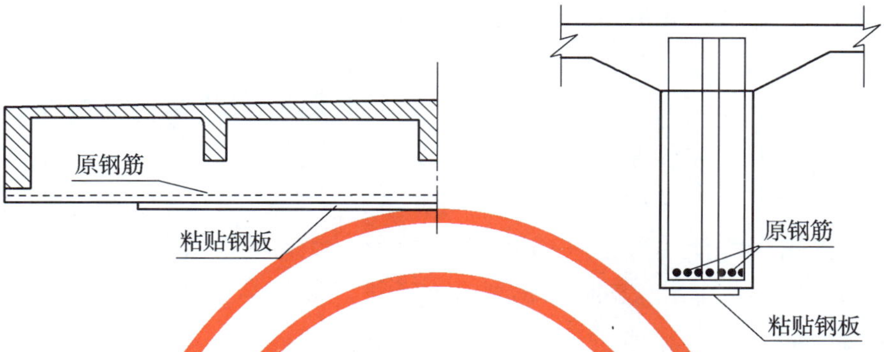

图5-3 梁底粘贴钢板加固

(4)碳纤维加固法

用于加固混凝土结构的纤维材料目前主要有三种:特种玻璃纤维(GFRP)、碳纤维(CFRP)和芳纶纤维(AFRP),其中最常用的是碳纤维。由于碳纤维材料具有高强、轻质、耐腐蚀、耐疲劳等优良的物理、力学性能,以及现场施工便捷,因此是旧桥加固补强的理想材料。目前常用的碳纤维片材有碳纤维薄板和碳纤维布。

使用该法必须注意的问题如下:

①由于碳纤维强度较高,在提高结构受弯承载能力的同时还会影响受弯结构的破坏形态,由塑性破坏变为脆性破坏,同时影响结构的延性。碳纤维材料应根据构件相应极限状态时所达到的应变,按线弹性应力—应变关系确定其极限状态时的应力。

②由于碳纤维强度较高,进行受弯加固的构件,尚应验算构件的抗剪承载力,避免因受弯承载力提高过大而导致受剪破坏先于受弯破坏。

③对不同断面形式,碳纤维材料有不同的经济性,应发挥其高强作用。该法适用于截面中心轴较高的断面,如T梁等。

④能大幅提高结构的极限抗弯承载能力,但对正常使用极限状态基本不能发挥作用。对裂缝能起封闭作用,但不能有效地限制裂缝的发展。

粘贴碳纤维材料与粘贴钢板比较见表5-1。

表5-1 粘贴碳纤维材料与粘贴钢板比较

比较项目	自重	强度	成本	抗腐蚀性	耐火性	适应性	设备要求	疲劳性能	施工成本	维修费用
粘贴钢板	重	高	低	不好	耐火	不太好	复杂	好	高	高
粘贴碳纤维	轻	很高	高	好	不耐火	不太好	复杂	极好	低	很低

(5)裂缝的封闭灌浆与混凝土表面的涂装

水泥混凝土结构由于施工不当,混凝土由于收缩徐变以及温度应力作用引起开裂。若裂缝宽度大于一定值,空气中的水分、氯离子及CO_2容易渗入,引起钢筋锈蚀,影响结构的耐久性。

①对于裂缝应及时进行修补,具体方法有喷涂法、粘贴法、充填法和灌浆法。

a. 喷涂法:适用于宽度小于0.3mm的表层裂缝修补;表面喷涂材料可选用环氧树脂类、聚酯树脂类、聚氨酯类、改性沥青类等涂料。

b. 粘贴法:分表面粘贴法和开槽粘贴法两种,前者适用于宽度小于0.3mm的表层裂缝修补,后者适用于宽度大于0.3mm的表层裂缝修补;粘贴材料可选用橡胶片材、聚氯乙烯片材等。

c. 充填法:适用于缝宽大于0.3mm的表层裂缝修补;充填材料应根据裂缝的类型进行选择,对死缝可选用水泥砂浆、聚合物水泥砂浆、树脂砂浆等,对活缝应选用弹性树脂砂浆和弹性嵌缝材料等。

d. 灌浆法:适用于深层裂缝和贯穿裂缝的修补;灌浆材料应根据裂缝的类型选择,死缝可选用水泥浆材、环氧浆材、高强水溶性聚氨酯浆材等,活缝可选用弹性聚氨酯浆材等。

②修补材料、施工环境和养护应符合下列要求:

a. 水泥、树脂、骨料等原材料的品质和储存应符合有关规范的规定。

b. 选用强度等级不低于42.5级的硅酸盐水泥、普通硅酸盐水泥,受侵蚀性介质影响或有特殊要求时,按有关规范或通过试验选用。

c. 选用质地坚硬、清洁、级配良好的中砂,砂的细度模数宜为2.3~3.0。

d. 各种混凝土及砂浆的配合比必须通过试验确定。

e. 修补施工前宜进行工艺性试验。

f. 修补施工宜在5~25℃环境条件下进行,不应在雨雪或大风等恶劣气候的露天环境下进行。

g. 树脂类修补材料干燥养护不少于3d;水泥类修补材料潮湿养护不少于14d;聚合物水泥类材料应先湿养护7d,再干燥养护不少于14d。

③水泥混凝土剥蚀修补应符合下列要求:

a. 对碳化引起的钢筋锈蚀,将保护层全部凿除,处理锈蚀钢筋,用高抗渗等级的混凝土或砂浆修补,并用防碳化涂料防护。

b. 对氯离子侵蚀引起的钢筋锈蚀,凿除受氯离子侵蚀损坏的混凝土,处理锈蚀钢筋,用高抗渗等级的材料修补,并用涂层防护。

c. 修补材料应符合下列规定:

(a)修补材料选用抗渗等级不低于S12的水泥混凝土及砂浆、聚合物水泥混凝土及砂浆,对遭受严重侵蚀的部位可选用树脂混凝土及砂浆。

(b)材料的性能不得低于建筑物材料原设计指标。

(c)配制水泥混凝土及砂浆所用原材料除符合《水工混凝土施工规范》(SDJ 207—1982)规定外,还应符合下列要求:

——在有氯离子侵蚀的环境中,水泥混凝土和砂浆必须掺用钢筋阻锈剂;聚合物水泥砂浆及混凝土硅粉砂浆,也可掺用阻锈剂;

——掺用的硅粉和粉煤灰的品质应符合规范规定。

(d)混凝土及砂浆的水灰比宜小于0.40。

④水泥混凝土保护层的作用是保护钢筋,保证结构的耐久性。保护层过薄、碳化或露筋,将失去或减弱保护钢筋的作用,造成碳化、钢筋锈蚀、混凝土开裂等多种病害。目前常用方法是对混凝土表面进行涂装,延长结构的使用寿命。具体防护措施主要有:

a. 对碳化可能引起钢筋锈蚀的混凝土表面采用涂料涂层全面封闭防护。

b. 对有氯离子侵蚀的钢筋混凝土表面采用涂料涂层封闭防护,也可采用阴极保护。

c. 碳化与氯离子侵蚀引起钢筋锈蚀破坏时,应及时修补,并采用涂料涂层封闭防护。

⑤化学侵蚀防护应采取下列措施:

a. 已形成渗透通道或出现裂缝的溶出性侵蚀,采用灌浆封堵或加涂料涂层防护。

b. 酸类和盐类侵蚀防护措施:

(a)加强环境污染监测,减少污染排放。

(b)轻微侵蚀的采用涂料涂层防护,严重侵蚀的采用浇筑或衬砌形成保护层防护。

⑥钢筋锈蚀修补应符合下列要求:

a. 对碳化引起的钢筋锈蚀,将保护层全部凿除,处治锈蚀钢筋,用高抗渗等级的混凝土或砂浆修补,并用防碳化涂料防护。

b. 对氯离子侵蚀引起的钢筋锈蚀,凿除受氯离子侵蚀损坏的混凝土,处治锈蚀钢筋,用高抗渗等级的材料修补,并用涂层防护。

5.3.2 本条主要规定了拱桥养护与加固的主要技术要求:

1 及时清除表面污垢及圬工砌体因渗水而在表面附着的游离物。

2 及时疏通泄水管孔,保持桥面及实腹拱拱腔排水畅通。如发现拱桥桥面漏水,应及时维修。若发现空腹拱的主拱圈(肋)渗水,应对拱背进行清理,清除可能积水的残渣、堆积物等,并用砂浆等材料抹平或堵塞裂缝。若发现实腹拱主拱圈渗水,应检查拱腔排水系统,必要时可挖开拱上填料,修补防水层,维修排水管道。

3 主拱及拱式腹拱的拱铰及变形缝应保持正常工作状态。清除弧面铰及变形缝内嵌入的杂物,使其保持能自由转动、变形。填缝材料如油毛毡、浸渍沥青的木板等,如有损坏应及时更换。

4 当拱桥发生各种病害时,加固方法及适用范围如下:

(1)主拱圈强度不足时,可加大拱圈截面。

从拱腹面加固时,可采用下列方法:粘贴钢板;浇筑钢筋混凝土加大拱肋截面;布设钢筋网,用喷射混凝土或水泥砂浆加大拱圈截面;在拱肋间加底板,变双曲拱截面为箱形截面。条件许可时,也可在腹面做衬拱及相应的下部结构。

从拱背面加固时,可在拱脚区段的空腹段背面加大拱圈截面;或拆除拱上建筑,在全拱圈背面加大截面。一般使用混凝土或钢筋混凝土。

(2)拱肋、拱上立柱、纵横梁、桁架拱、刚架拱的杆件损坏时,可用粘钢或复合纤维片材加固。粘钢时可粘贴钢板,也可在四角处粘贴角钢。

(3)用粘钢板或复合纤维片材的方法加固节点。

(4)用嵌入剪力键的方法加固拱圈的环向连接。剪力键一般采用钢板或铸件,按一定间隔布置,其间的裂缝用环氧砂浆等处治。

(5)用加大截面的方法加强拱肋之间的横向连接。采用横拉杆的双曲拱,可把拉杆改为系梁。

(6)更换锈蚀、断丝或滑丝的吊杆。若原构造许可,可用收紧锚头的方法张拉松弛的系杆或吊杆调整内力。

(7)在钢管混凝土拱肋拱脚区段或其他构件的外面包裹钢筋混凝土。

(8)改变结构体系以改善结构受力,如在桥下通航许可的前提下加设拉杆。

(9)更换拱上建筑减轻自重,更换实腹拱的拱上填料为轻质填料。

(10)用更换桥面板,增加桥面铺装的钢筋网,加厚桥面铺装,换用钢纤维混凝土等方法维修加固桥面。

(11)因墩、台变位引起拱圈开裂时,应先维修加固墩台,然后修补拱圈。

(12)加固拱桥时,应注意恒载变化对拱压力线的影响及引起的推力变化,对各施工工序应进行验算,并进行详细的施工组织设计,严格按照设计的工序施工。

5.3.3 涂漆防锈是钢桥养护的主要工作内容。

钢桥养护中采用的防锈油漆,一般应与原涂料一致,也可选用更优良的防锈涂装,如无机磷酸盐型富锌漆等高档产品。涂装工艺十分重要,尤其当整座钢桥涂装时,应制订详尽的工艺要求。

采用金属涂层成本高,现场施工条件差且工效低,选择涂漆或涂金属涂层应作经济技术比较。

钢桥杆件的油漆,应符合下列要求:

(1)在涂漆之前,对铁锈、旧漆、污垢、尘土和油水等,均应仔细清除。对所有易锈蚀的部位,如凹处、缝隙、纵横梁及主桁架的弦杆等,尤应仔细清理。

(2)除锈应做到点锈不留、除锈彻底、打磨匀亮、揩擦干净,可采用在浓度10%的无机酸中加入0.2%~0.4%的面粉、树胶或煤焦油等缓蚀剂清洗锈蚀,也可采用喷砂除锈法或其他更有效的除锈方法。

(3)油漆层数一般为底、面漆各两层。对于易遭受损坏或工作条件困难的部位应多涂一层面漆。在第一层底漆干燥后,应对裂缝、不平整处和局部凹痕的部位用油性腻子腻塞,并对腻封质量进行检查,发现缺陷应予消除。

(4)钢桥油漆工作应在天气干燥和温暖季节(不低于5℃)进行。油漆时的气温应与被漆钢构件表面温度相近。在风沙天气、雾天、雨天不应进行油漆,对表面潮湿的钢构件不应进行油漆。

(5)钢桥的防腐可采用镀锌、铝等阳极防腐的金属涂层。金属涂层的制作工艺有喷涂、热镀、电镀、电泳、渗镀、包覆等方法。关键部位及维修困难的部位,可采取在喷、镀金属层上再涂防腐涂料的复合面层或涂玻璃鳞片涂料等防护措施。

5.3.4 悬索桥的日常养护与维修主要是吊索的索股偏差、松弛或过紧的调整,主缆索股的锚头、锚杆、分索器、索鞍、缆索保护层等的检查和养护(包括油漆、黄油涂装等)。

悬索桥的索塔多采用钢筋混凝土结构,加劲梁多采用钢箱梁或钢桁梁,也有采用钢筋混凝土或预应力混凝土结构做加劲梁的,视其结构形式可参照钢筋混凝土、预应力混凝土桥或钢桥进行日常养护。

5.3.5 斜拉桥的主梁、索塔、墩的养护可视其采用的结构形式,参照钢筋混凝土、预应力混凝土或钢桥的有关规定。

(1)斜拉桥养护的重点是斜拉索。斜拉索截面较小,处于高应力状态,对腐蚀作用十分敏感,因此拉索的防护十分重要。

应保持拉索防护套的良好,发现破裂、渗水,应及时修补。斜拉索最易进水的部位是索与锚具的连接部位。连接部位的阻水、密封装置应保持完好,若发现有渗漏水,则应打开防护套对拉索进行检查和除锈,然后作防锈涂装,恢复护套等。斜拉索两端锚具的防锈也是养护工作的重点。

(2)斜拉索的调整和更换。

斜拉桥是高次超静定结构,通过索力调整可使结构处于正常使用状态是斜拉桥的构造特点。调整或更换斜拉索,是斜拉桥维修的一种特有形式。应通过特殊检查、验算确定是否需要调索、换索,调索、换索的方案以及调索、换索的施工程序。更换斜拉索的费用相当高,技术也比较复杂,在研究方案时应对结构的安全性、耐久性、经济性、施工期间的交通组织等进行综合分析比选。

5.3.6 桥面系养护

1 桥面铺装

桥面铺装要求有一定的厚度、强度、平整度,防止开裂,并保证耐磨。桥面铺装有多种形式,有水泥混凝土、沥青混凝土、沥青表面处治和泥结碎石等。其中以水泥混凝土和沥青混凝土使用较为广泛。本条特别指出不宜在原桥面上加铺新的桥面铺装,若加铺桥面过厚,应对桥梁结构重新进行检算。桥面铺装的养护维修宜在不中断交通的情况下进行,可采用半幅施工或夜间施工。

2 排水系统

为了迅速排除桥面积水,防止雨水积滞于桥面、渗入梁体或拱腔,桥面应有一套完整的排水系统。排水系统的养护要求保持排水通畅,疏通堵塞,及时修复损坏的防、排水系统。

5 伸缩装置

(1)应及时清除缝内积土、垃圾等杂物,使其发挥正常作用,若有损坏或功能失效应及时修复或更换。

(2)伸缩装置出现下列病害时,应及时进行更换。

①U 形锌铁皮伸缩装置的锌铁皮老化、开裂、断裂。

②钢板伸缩装置或锯齿钢板伸缩装置的钢板变形、断裂,螺栓脱落,伸缩不能正常

进行。

③橡胶条伸缩装置的橡胶条老化、脱落,固定角钢变形、松动。

④板式橡胶伸缩装置的橡胶板老化开裂,预埋螺栓松脱,伸缩失效。

(3)更换的伸缩装置应选型合理,伸缩量应满足桥跨结构变形需要,安装应牢固、平整、不漏水。

(4)维修或更换伸缩装置时,应采取措施维持交通。

7　交通安全设施

(1)桥上的交通标志应齐全、醒目、牢固,标志板应保持整洁、无裂纹和残缺。若有损坏应及时整修。

(2)交通标线应保持良好、清晰,定期进行标线重涂。

(3)防眩板应保持齐全、整洁,若有损坏应及时整修。

(4)防护隔离设施应完整、牢固,若有损坏应及时修理。

(5)桥上设置的航空灯、航道灯及供电线路、通信线路应保持良好状态,如有损坏应及时修复。避雷设备应保持良好,接地电阻应符合要求,接地线附近禁止堆放物品,禁止挖取接地线的覆土。

5.3.7　桥梁支座处于下列情况时,应及时进行维修或更换:

(1)支座的固定锚销剪断,滚动面不平整,轴承有裂纹或切口,辊轴大小不合适,混凝土摆柱出现严重开裂、歪斜,必须更换。

(2)支座座板翘起、变形、断裂时应予更换,焊缝开裂应予整修。

(3)板式橡胶支座出现脱空或不均匀压缩变形时应进行调整。

(4)板式橡胶支座发生过大剪切变形、中间钢板外露、橡胶开裂、老化时应及时更换。

(5)油毡垫层支座失去功能时,应及时更换。

调整、更换板式橡胶支座、钢板支座、油毛毡垫层支座采用如下方法:在支座旁边的梁底或端横隔处设置千斤顶,将梁(板)适当顶起,使支座脱空不受力,然后进行调整或更换。调整完毕或新支座就位正确后,落梁(板)到正确位置。

需要抬高支座时,可根据抬高量的大小选用下列几种方法:

①垫入钢板(厚50mm以内)或铸钢板(厚50~100mm)。

②将油毛毡支座、钢板支座更换为较高大的板式橡胶支座。

③就地浇筑钢筋混凝土支座垫石,垫石高度按需要设置,一般应大于100mm。

5.4　桥梁下部结构

5.4.1　墩台基础的加固应根据以下几种情况分别进行:

(1)基础埋置深度不够

①利用板桩、连续地下墙等加固基础周围。此法对防止因冲刷而倒塌的基础处理效果较好。在刚性基础周围加砌圬工或混凝土,并以钢筋锚接新旧基础,使之结合牢固。此

法的不足之处是易在基础四周造成局部冲刷，故在选用时，必须慎重考虑加固部分的埋置深度。

②用钢管桩、就地灌注水泥混凝土桩、连续地下墙等加固基础的周围和增强承载能力。此法必须将桩、地下墙和基础本身牢固地联结成整体。圬工结构可采用钢筋混凝土或预应力混凝土，以使墩台的部分压力传递到新桩基上。此法的施工通常都在梁下进行，故在设计时应考虑其现场的可施工性。

(2)承载能力不够

①扩大底座，加桩以增强承载能力。通过扩大基础底座和加桩的方法，增强桩基础和浅基础的承载能力。加桩是对负摩擦力的发生、荷载的加大等的补强措施。沉井基础的水平荷载强度不足时，在沉井外侧设置连续地下墙等，并刚结顶部。

②减轻作用于基础上的荷载。减轻作用于桥台的土压力以及将上部构造由水泥混凝土结构改变为钢结构等，通过结构形式的改变，以达到减轻荷载的目的。

③其他加固方法。基础底部的地基为砂性土时，可采用化学药剂灌注施工法；若为黏性土时，也可采用石灰桩和挤实砂桩施工法等。

(3)基础受冻而损坏

严寒地区，冬季冰层厚度变化，易造成浅桩冻拔，深桩环状冻裂。如桩基周围冰层较厚，可打入套管或板桩，中间填以保温材料，亦可将冰冻线以上(墩台周围)用矿渣换填。

(4)河床下降和冲刷

①护基工程的施工方法有：

a.采用石笼或板桩加固。其措施有：用竹子、铅丝或钢筋制成石笼护基，将石笼间以钢筋或铅丝相互连接下沉；也可筑板桩围堰，堰内填筑砂砾石。

b.采用板桩墩头加固。可采用板桩进行墩头防护，板桩顶面一般不应高出河床表面，宜埋置在冲刷线以下，否则将产生阻水，并造成局部冲刷，影响护桩安全。

c.采用石块压梢捆(或柴排)加固。可用鲜柳枝、荆条编成梢捆，内装片石(或卵石)，成捆放置在基础四周防护，具有较好的防冲效果。

d.采用铺筑水泥混凝土或混凝土板(或块)加固。河床不稳定，基础埋置较浅，冲刷范围较大时，宜采取平面防护，在水流中部分施工宜用水泥混凝土砌块(或混凝土板)，若全宽度施工宜用铺筑水泥混凝土防护。

e.采用抛石加固。此法常用于深水墩台的加固及防护，将石块抛在桥梁墩台四周被冲刷的坑内，填满至河床面，以防再次冲刷。

②防止河床下降的施工方法有：

a.采用铺筑水泥混凝土板加固。混凝土板属于局部冲刷平面防护，应将其置于一般冲刷线以下，并盖住所在位置的冲刷坑范围。混凝土板整体性强，抗冲耐磨，施工较方便，是一种防护桥墩局部冲刷的有效措施。

b.采用堰堤方式加固。在基础一定距离内，用片石(或块石)浆砌成堰堤，使水流不至冲到基础部位。此法常用于改建、新建或基础未遭到冲刷的桥梁上。

c.采用砌石或水泥混凝土铺筑河底。

d. 采用三级消力坎式加固。当下游冲刷严重时,为减缓水流冲刷的影响,可用浆砌片、块石或预制水泥混凝土块筑成三级跳坎,缓解水流冲击力。

5.4.2 墩台的加固方法及适用范围如下:

(1)由于活动支座失灵而造成墩台拉裂,应修复或更换支座,并修补墩台裂缝。

(2)墩台身发生纵向贯通裂缝时,可采用钢筋混凝土围带、粘贴钢板箍或加大墩台截面进行加固。

(3)因基础不均匀下沉引起墩、台自下而上的裂缝时,应先加固基础,再采用灌缝或加箍进行加固。

(4)U形桥台的翼墙外倾时,可在横向钻孔加设钢拉杆。钢拉杆固定在翼墙外壁的型钢或钢筋混凝土梁柱上。

(5)当墩台损坏严重,如出现大面积开裂、破损、风化、剥落时,可用钢筋混凝土"箍套"加固。对结构基本完好,但承载能力不足的圆柱形墩柱,可用包裹碳纤维片材进行加固。

(6)钢筋混凝土墩台出现缺损,而墩台身处于常水位以下时,可根据不同情况采用围堰抽水或水下作业进行修补。

5.5 桥梁抗震

5.5.3 本条规定了梁桥抗震加固的重点。

1 防止顺桥向(纵向)落梁的抗震加固措施,可采用下列方法:

(1)加固桥台胸墙或重做钢筋混凝土胸墙,在梁端和胸墙间填塞缓冲材料(如沥青油毡或橡胶垫),也可安装防落梁装置。

(2)设置纵向挡块,在墩台帽上增设锚栓、挡块,阻挠梁纵向位移。

(3)固定主梁(或板)。

①用卡架把梁或板固定在桥墩上。卡架与梁(板)或墩之间填塞橡胶、油毡、软木等弹性材料,以保证梁(板)在温度变化时能自由伸缩。

②板端钻孔固定。采用油毡支座的板梁,可在每片板梁上钻孔至墩、台帽内,放入螺栓,固定端填以环氧砂浆,活动端应扩孔并填以弹性材料,以利温差伸缩,最后上紧螺帽。

③悬臂梁端固定。在悬臂梁端钻孔,固定螺栓可由上向下穿透挂孔及悬臂端,也可将联结钢板置于梁顶面或梁侧,钻孔并用螺栓固定。

(4)将主梁连成整体。

①增设横向钢拉杆或钢筋混凝土横隔板,提高主梁的整体性。

②纵向在两跨梁间安装防落梁装置或在端隔板之间用螺栓或其他钢构件连接,限制主梁纵向位移。

(5)梁与桥台胸墙纵向连接。用螺栓、钢板等将梁端与胸墙连接起来,以防落梁。

2 防止横向落梁的抗震加固措施,可采用下列方法:

(1)设置横向挡块或挡杆。在边主梁外侧墩、台帽上钻孔埋入锚筋,浇筑钢筋混凝土横向挡块，或埋设短角钢、钢轨、槽钢做挡杆，防止落梁。

(2)在边主梁外侧设置三角形钢支架及在边主梁外侧墩、台帽上埋设钢锚栓，将三角形钢支架固定，并在边主梁与钢支架间填塞垫木以固定主梁。

(3)对无桥面钢筋网的多梁式桥梁，可进行桥面改造，加铺钢筋网。

(4)用钢拉杆或横隔板加强主梁之间的横向联结。

3 防止支座破坏的抗震加固措施，可采用下列方法：

(1)设置支座挡块。对于采用平板式滑动支座、切线式滑动支座、板式橡胶支座或油毡支座的桥梁，若墩、台帽较宽，可采用钢筋混凝土纵向挡块进行加固。

(2)对于摆动、滚动支座，可在梁两侧设置挡块，并把挡块同下部构造连接起来，使之成为 U 形或一字形承托。

(3)对钢支座可将相邻跨径的两支座用钢筋纵向连接加固。

5.5.4 本条规定了拱桥抗震加固的重点。

1 防止拱圈落拱可在拱脚处设置防落拱牛腿或在横桥向加长墩台身或墩台帽。

2 将拱圈连成整体，双曲拱桥可设置斜向拉杆(交叉)，石拱桥可设置钢板箍，将整个拱圈箍住(一般设 3 道，即拱顶和 1/4 拱处)。

3 加强拱脚与墩台的联结，可在拱座凿孔，埋设钢筋，一端伸入拱脚和埋设在拱肋上的锚栓相连，最后浇筑混凝土。

5.5.5 墩、台和基础的抗震加固

(1)柱式桥墩

①在柱之间安装用槽钢或角钢做成的横撑和斜撑，并用螺栓将其拧紧，或电焊联结。

②用钢套管加固，套管用钢板卷焊而成。柱应先进行打毛，套管与柱之间的空隙，用水冲洗后填以水泥砂浆或小石子混凝土。

(2)对多孔长桥，可增设抗震墩。即在原有桥墩两边加设钢筋混凝土斜撑，斜撑尺寸视原墩高度和跨径而定。

(3)若桥墩截面偏小，可采用加大桥墩断面或加设套箍进行加固。将原结构表面凿毛洗净，植入连接钢筋，使加大部分与原结构连成整体。基础扩大时，应同时对地基进行处治。

(4)桥台的抗震加固以增强抗滑、抗倾覆及抵御台背的土压力为原则，可分别采取下列方法：

①当桥台的抗倾覆及抗滑动稳定性不能满足安全要求时，可采用加筑围裙进行加固。

②当桥台台后填土在地震力作用下因土压力变化，危及桥台安全时，应采取下列措施：

a. 在台背增设挡墙或桥孔，新挡墙或新桥孔的桥台应能单独承受填土土压力；

b. 在台前修筑扶壁或斜撑，扶壁和斜撑与原桥台共同承受土压力；

c. 将埋置式或一字式桥台改为 U 形桥台。

(5)地震后拱桥桥台发生位移，引起拱抽线变形较大，承载能力不足时，可采用顶推法调整拱轴线，恢复其承载能力。

5.6 超重车辆过桥

5.6.1 超重车辆是指大于桥梁设计荷载标准及公路管理机构公布的限载量,采取技术措施方可通过桥梁,经过公路管理机构审批同意在指定公路上行驶的特殊车辆。

必要时,应对不能满足通行条件的桥梁进行加固:

(1)小跨径梁桥和拱桥,在下部结构和地基承载力许可时,可在桥台处设临时支点,在桥面上临时架设钢板梁或钢桁梁全桥跨越,以供超重车辆直接行驶通过。

(2)多跨桥梁当桥较长而无法采用全桥跨越时,若下部结构及地基承载力允许,可采用部分跨越法。在台、墩处的梁端部设临时支点架设钢梁,以减小临时钢梁跨度。

(3)梁式桥跨径较大,或下部结构及地基承载能力不足时,可另增加基础,采用竖向多点支承法或八字支撑法进行加固。

(4)当拱桥跨度较大,地基较好时,可采用拉杆加固法。

(5)其他用于加固桥梁上、下部结构及地基的方法均可用于超重车辆过桥时的加固措施。

5.7 涵洞

5.7.2 本条就涵洞检查的分类、方法和频率作了相关规定。

涵洞的检查可参照桥梁技术状况评定标准相关结构类型,对涵洞的技术状况作出综合评定。检查中如果发现有过水能力明显不足,经常造成内涝及路基损毁的涵洞,应考虑改建。

对有病害的涵洞,在填写检查表时,视具体情况对其技术状况等级进行简要的评述。对于五类涵洞,应封闭交通进行改建。

5.7.3 本条规定了涵洞日常养护的内容及基本要求。涵洞的日常养护工作大体可分为保洁、清淤、堵漏、结构损伤的维修等四部分。涵洞底部铺砌冲刷损坏,进出水口被冲刷淘空,侧墙、基础或管涵枕墙基础被冲刷淘空频率较高,这是日常养护的主要工作,应予以重视。进出水口如有裂缝,应及时填塞;若砌体开裂,可在砌体背后压注水泥砂浆或化学浆液;也可依据材料类型及损伤情况,参照相同材料的桥梁结构进行维修。

5.7.4 涵洞的维修、加固与改建可采取下列措施:

(1)涵洞圬工砌体表面发生局部风化、裂缝及灰缝剥落等,可分别采取勾缝、局部拆除重砌、表面抹浆或喷浆、加设涵内衬砌等措施进行加固。

(2)水泥混凝土管涵的接头处或有铰缝处发生填缝料脱落,引起路基渗水时,可用干燥麻絮浸透沥青填实,或用其他弹性材料封堵,不宜用灰浆抹缝,以免再次脱落。

(3)管涵的管节,如因基础被压沉而发生严重错裂,应挖开填土处治地基后重建基础。

(4)为提高涵洞的承载能力,砖石拱涵的加固,可采取拱圈上加拱措施。对于高填土、净空较大的暗涵,也可采取拱下加拱措施。

钢筋混凝土盖板涵的加固,除加固涵台外,需加厚盖板的,挖除涵顶填土后,还应将原盖板表面凿毛、洗刷干净,再在其上浇筑水泥混凝土或钢筋混凝土。

5.8 漫水桥与过水路面

5.8.1 漫水桥与过水路面是允许洪水漫过桥面或路面的结构物,通常采用水泥混凝土或砌石结构作为行车道面,其最大特点是桥面或路面的标高低,在河水流量较大时,水流将漫过桥面或路面。漫水桥与过水路面的行车道面经常受到洪水的浸泡和冲刷,容易出现坑洞、破损等病害,如不及时修复,会对行车安全造成严重危害。因此,保持行车道面平整坚实尤为重要。

5.8.2 漫水桥与过水路面由于受行洪限制不能设置固定护栏,应设置整齐、醒目的导向标柱,标明行车道边界,诱导视线。导向标柱间距宜按4~8m设置,河流漂流物较多的宜按上限设置,或设置活动标柱,以便在洪水期间拆除。对于漫水桥,也可设置随时可拆卸的活动栏杆。

5.8.4 漫水桥是桥梁的一种,因此,必须满足桥梁的基本要求,应按桥梁养护管理的有关要求进行检查、技术状况评定及维修加固,首先应保证桥梁结构本身的良好技术状况和承载能力要求。

漫水桥同其他桥梁相比更易遭受洪水破坏,因此,必须做好洪水和流冰到来前的养护。

5.8.5 过水路面一般所处位置为宽浅河流,河床较高,沙石、淤泥易上路面,应及时清除。

考虑公路发展的形势,过水路面应铺装正式路面,通常是铺装水泥混凝土或砌块路面,因此未提及沥青路面和无铺装路面的养护内容。

部分过水路面修建时根据泄洪要求设置了低水位桥或涵洞,其养护要求应按桥梁和涵洞的相关规定执行。

经济许可时,过水路面应逐步改建为桥梁。

5.9 调治构造物

5.9.1 调治构造物是在桥位及其上、下游附近河段上修建的水工构造物,其作用是调治水流,改善桥位河段水流条件,使桥孔排水、输沙通畅,并减缓水流对桥位附近河床、河岸的冲刷,保证桥梁墩台及桥头引道稳定、安全。按其作用的不同,调治构造物可分为下列四类:

(1)导流建筑物

导流建筑物与水流的交角较小,对水流压缩小而缓和,平顺、缓慢地改变水流方向,将水流导入桥孔,防止水流旁蚀淘刷。属于这一类的建筑有导流堤、顺坝、大堤(河堤)等。

(2)挑流建筑物

挑流建筑物按需要剧烈地改变水流方向,将水流部分或全部挑离被冲刷的河岸,对水流影响较大,其结构形式为一横向障碍物。属于这一类的建筑物有丁坝、透水坝、防水林等。

(3)固底建筑物

固底建筑物用于防止河床冲刷下降,常配合浅基墩台、导流堤等防护基础使用。属于这一类的建筑物有潜坝、拦沙坝、挑坎等。

(4)边坡加固建筑物

边坡加固建筑物用于导流堤、桥头引道路堤以及桥址上、下游河岸的防护加固。属于这一类的建筑物有浆砌或干砌片石砌体、铁丝石笼及抛石等。

各种调治构造物既可单独设置,也可联合设置。

应加强对桥涵及其调治构造物的巡查,及时清除调治构造物附近的漂流物,以免影响调治功能的正常发挥,减少其对构造物的撞击,避免其聚集而引起的碍洪。

洪水期间,对导流堤、丁坝的边坡坡脚破坏处,采用抛石和铁丝石笼防护时抛填应适度,不宜过多,以免减小泄洪面积而增大冲刷。抛填块、片石时,块片石应有良好的级配,并可设置临时木溜槽,以控制抛填位置。

5.9.2 砌石调治构造物砌体开裂,多数系其基础或地基遭水流的冲蚀下沉所致,应查明原因及时处治。基础冲空的维修与加固,可参照桥涵墩台基础相关规定执行,并重新对基础埋置深度进行核定,埋深不足时,可配合潜坝、挑坎、砌石等对冲刷范围进行防护。对于砌体裂缝,应在查明原因后及时处治。

5.9.4、5.9.5 条文对增设调治构造物作了相关规定。桥位调治构造物的设置,不仅与河流类型、河段特性有关,同时涉及交通、水利、农田,甚至城建部门的利益,因此应根据河段特性、水文、地形、地质、通航要求等,综合考虑总体布设。若桥位河段水文、水力情况复杂,宜进行水工模型试验,对调治构造物的形式与布控进行研究比选。

在桥涵养护中,除应对桥位处河段状况、桥孔泄洪、桥下冲刷、水位等进行观测记录外,还应加强对已建调治构造物工作状况、基础冲刷情况等的观测,为调治构造物的改善和增建提供依据。

5.10 公路渡口

5.10.1 公路渡口由码头、引道、渡船(轮)及防冲、防淤等调治构造物及其他附属设施组成。做好渡口的养护工作,加强渡船的检查、维修和渡运人员的培训和考试,对于确保渡运安全、延长渡口设施的使用年限以及提高渡运效益等均具有十分重要的意义。

5.10.2 渡口引道、码头的养护管理应做到:

(1)禁止在引道、码头上堆放物件;及时清除淤泥、淤沙、冰雪和漂流物;保持引道、码头路面整洁,水沟排水畅通。引道、码头因经常受水位涨落和渡船停靠冲撞,容易出现坑洞、沉陷、松散、倒塌等病害,应加强检查,特别是在水位涨落后应仔细检查,及时修复各种病害。

(2)引道、码头范围内的标号志、系泊设备、灯光照明等设施如有损坏,应及时修复或添置更新。

(3)引道、码头作业区范围内,如有妨碍渡运安全的碛坝、沙洲、礁石、漂流物以及淤积或冲刷,应查明原因,分别采取以下措施:

①对经常发生淤积或冲刷的引道、码头,可在上游适当位置设置调治构造物,以改变水流的流向或进行定期疏浚。

②对局部冲刷可采取抛石、石砌护墙、装配式水泥混凝土预制块件或石笼护基处治,但应注意防止石块和石笼抛填过高阻碍渡船靠岸。

③在碛坝、沙洲、礁石处,除临时设立标志指示船舶避开行驶外,还应采取挖除和疏浚措施。

5.10.3 渡口船舶各类检查的主要内容是:

(1)日常检查:主要检查船体有无渗漏积水、有无锈蚀,工具、索具、航行安全、救生等设施是否完备,跳板系统、机械运转部件等是否正常。

(2)作业前检查:主要检查润滑油、燃油是否充足,蓄电池的蓄电量、电压是否稳定,灯光、声号、警报系统及冷却系统是否正常。

(3)作业中检查:主要检查主机、副机、辅机及配套机械运转是否正常。

(4)作业后检查:主要是根据作业前和作业中检查发现的问题作进一步的核定检查。

渡口渡运工作应认真贯彻执行"安全第一,预防为主"的方针。

(1)渡口各岗位人员安全管理工作要点见表5-2。

表5-2 渡口各岗位人员安全管理工作要点

岗 位	安 全 管 理 要 点
售票员	严格遵守票务制度,保管好票据和票款,严禁无关人员进入票房
放车员	根据渡轮的限载量和车辆的长度,使用红绿旗正确指挥车辆上船;当码头内有车辆发生故障时,应及时采取垫三角木或拖离措施;对装有危险品的车辆应实行专渡
放客员	要求客车上旅客下车到指定区域待渡,要求做到旅客不漏乘,不错乘
站长	加强安全渡运宣传工作,遇有下列情况时必须停止渡运:①雾天视距小于100m时(有雷达导航的除外);②水面风力大于渡轮抗风等级时;③气象台发布台风紧急警报时;④发生影响航行安全的其他灾害时。 要求做到四不准:不准车辆载客上渡;不准危险品车辆与客车混渡;不准人、车同时放行;不准车、船同时放行
司机	严格遵守各项航行法规,加强瞭望,准确判断来船动态,严禁违章航行
轮机员	执行机务安全操作规程,船舶航行时严禁离岗。及时排除机电设备隐患和故障,保证船舶处于适航状态
水手	对渡运车辆进行合理配载,要求间距适中,船体平衡,过道通畅,方便消防。车辆应停靠在安全线内,严禁驾驶员离车和在船上加油,严禁在船上吸烟

（2）渡口应备有消防桶、消防沙、二氧化碳灭火机、干粉灭火器等，并加强检查，及时更换药剂，以便及时扑灭火灾。渡船安全设施配备参见表5-3。

表5-3　渡船安全设施配备参考表

项目名称 名称	3~4车	6~8车	10~12车	14~18车	20车以上	拖轮	2~3车	4~8车	8~10车	备　注
	机动船						平板船			
灭火机（个）	—	4	6	6	8	—	2	2	4	
消防泵（台）	—	1	2	2	2	—	—	—	—	
消防铲（把）	2	2	2	2	4	2	2	2	4	
沙箱（个）	4	4	6	6	6	2	4	4	6	
消防软管（m）	—	40	40×2	40×2	50×2	—	—	—	—	
消防水枪（个）	—	1	2	2	2	—	—	—	—	
太平桶（个）	—	2	4	8	10	10	2	2	4	
救生圈（个）	4	6	8	10	12	2	4	4	8	
救生衣（件）	80	120	160	180	200	8	30	40	140	
太平斧（把）	1	1	1	2	2	1	2	1	2	
救生绳（条）	4	6	8	12	16	2	4	4	8	>25m
救生筏（只）	—	—	—	—	1	—	—	—	—	
红绿旗（副）	1	2	2	2	4	1	2	2	2	
三角木（个）	12	12~18	18~22	22~28	30~36	2	6~8	8~12	12~16	等边三角形 160mm×500mm
胶拎（个）	2~4	4~6	6~8	8~12	2	4	8	6	—	>
安全缆（条）	2	2	2	2	2	2	2	2	2	>ϕ16mm
拖缆（条）	2	2	4	4	6	2	2	2	2	ϕ13~15mm
八字缆（条）	4	4	4	4	4	4	4	4	4	
锚链（条）	1	2	2	2	2	—	1	2	2	

（3）渡船系泊区安全设施见表5-4。

表5-4　渡口码头及渡船停泊区安全设施表

设施名称	设置要求及作用
1. 靠船桩	根据船舶（轮）的大小、水域的深浅、风浪以及地质等状况设置。要求牢固安全、位置适当、实用方便。每艘渡船（轮）至少应设一对桩墩
2. 防碰撞设施	采用废旧轮胎或其他防撞材料，设置在码头前沿的靠船桩（墩）、锚泊系留墩墙，避免或减少渡船（轮）直接与码头、靠船桩、锚泊系留墩墙的接触与碰撞
3. 照明设施	根据码头的位置、几何尺寸的大小设置，其悬挂高度以离地面高6m为宜

续上表

设施名称	设置要求及作用
4. 安全护栏和故障车辆处理装置	采用无缝钢管或软铁链等形式设置，以起到分隔车道、阻挡行人进入车辆运行区的作用。引道斜坡度超过5%的码头，应设置防止车辆打滑冲出码头的安全门及与渡船装载车辆吨位相匹配的电动卷扬机，以便及时将事故车辆拖离
5. 水位、风速、风向观测设施（一般设于大型渡口）	视渡口所处水域的复杂程度及水域的宽度合理设置，以满足航区对水文和气象资料的需要
6. 驳岸跳板	能适应水位的变化，自由调节码头与船舶跳板的级差，坡度应适中，以保证船舶靠岸，车辆上下渡船安全
7. 通信、信号与导航设施	根据需要配备，雷达分辨率应满足识别要求
8. 消防用品	按规定配齐消防用品，完善消防系统，消防用品应经公安消防部门定期检验合格

6 隧道

6.1 一般规定

6.1.1~6.1.3 条文规定了隧道养护的具体要求和主要内容。公路隧道是公路穿越山岭、江河(湖)以及海峡等的重要工程构造物。隧道大多位于地势险要、通行困难,又无适当绕行路线的地段,隧道内发生事故,对交通影响较大,因而隧道的养护维修显得比公路其他部分(构造物)更为重要。有鉴于此,要求对公路隧道加强日常巡查,发现异常和病害,及时予以处治,保障隧道畅通。

6.2 隧道检查

6.2.2 隧道经常性检查以定性判断为主,翔实记述检查项目的破损类型,估算破损范围和程度以及养护工程量,作出判定分类,并采取相应的对策措施。

定期检查完成后,应提出隧道定期检查报告,内容应包括:

(1)对隧道的技术状况和功能状态的评价;

(2)对隧道养护维修状况的评价及建议;

(3)需要实施专项检查的建议;

(4)需要采取处治措施的建议。

此外,检查报告还应附有检查记录表、隧道病害展示图以及其他有关检测记录资料。

特殊检查是根据定期检查的结果,或者在隧道遭遇自然灾害、发生重大交通事故或出现其他异常事件后,对遭受影响的结构进行详细检查,并进行检测。通过特殊检查,应完整掌握受损情况或病害的详细资料,为采取对策措施提供依据。

(1)特殊检查应由具有相应检测资质的专业机构实施。

(2)检查的项目、内容及其要求,应根据定期检查的结果或异常情况的影响确定。

(3)检查人员应对有关的技术资料、档案进行调查,并对隧道周围的地质及地表环境等展开实地调查,以充分掌握相关的技术信息,分析结构发生变化的原因,探索其规律,确保特殊检查结果的准确性。

(4)特殊检查的结果可按外荷载作用、材料劣化和渗漏水三种主要情况分别考虑,进行判定分类:

①由外荷载作用而导致的结构破损,以衬砌变形、移动、沉降、裂缝、起层、剥落以及突发性的坍塌等主要形态表现,其判定可按表6-1执行。

②由材料劣化而导致的结构破损，一般出现衬砌强度降低、起层剥落、钢材腐蚀等形态，其判定可按表6-2执行。

③对于渗漏水、结冰、沙土流出等形态的破损，其判定可按表6-3执行。

表6-1　外荷载作用所致结构破损的判定基准

异常情况 判定	衬砌变形、移动、沉降	衬砌裂缝	衬砌起层、剥落	衬砌突发性坍塌
B	虽存在变形、位移、沉降，但已停止发展，已无可能再发生异常情况	存在裂缝，但无发展趋势	—	—
1A	出现变形、位移、沉降，但发展缓慢	存在裂缝，有一定发展趋势	—	衬砌侧面存在空隙，估计今后由于地下水的作用，空隙会扩大
2A	出现变形、位移、沉降，估计近期内结构物功能会下降	裂缝密集，出现剪切性裂缝，发展速度较快	侧墙处裂缝密集，衬砌压裂，导致起层、剥落，侧墙混凝土有可能掉下	拱部背面存在大的空洞，上部落石可能掉落至拱背
3A	出现变形、位移、沉降，结构物应有的功能明显下降	裂缝密集，出现剪切性裂缝，并且发展速度快	由于拱顶裂缝密集，衬砌开裂，导致起层、剥落，混凝土块可能掉下	衬砌拱部背面存在大的空洞，且衬砌有效厚度很薄，空腔上部可能掉落至拱背

表6-2　材料劣化所致结构破损的判定基准

异常情况 判定	衬砌断面强度降低	衬砌起层、剥落	钢 材 腐 蚀
B	存在材料劣化情况，但对断面强度几乎没有影响	难以确定起层、剥落	表面局部腐蚀
1A	由于材料劣化等原因，断面强度有所下降，结构物功能可能受到损害	—	孔蚀或钢材表面全部生锈、腐蚀
2A	由于材料劣化等原因，断面强度有相当程度的下降，结构物功能受到一定的损害	由于侧墙部位材料劣化，导致混凝土起层、剥落，混凝土块可能掉落或已有掉落	由于腐蚀，钢材断面明显减小，结构物功能受到损害
3A	由于材料劣化等原因，断面强度明显下降，结构物功能损害明显	由于拱顶部位的材料劣化，导致混凝土起层、剥落，混凝土块可能掉落或已有掉落	—

表 6-3 渗漏水等所致的结构破损的判定基准

判定＼异常情况	渗漏水	结冰、沙土流出
B	从衬砌裂缝等处渗水,几乎不影响行车安全	有渗漏水,但现在几乎没有影响
1A	从衬砌裂缝等处漏水,不久可能会影响行车安全	由于排水不良,铺砌层可能积水
2A	从衬砌裂缝等处涌水,影响行车安全	由于排水不良,铺砌层积水
3A	从衬砌裂缝等处喷射水流,严重影响行车安全	在寒冷地区,由于漏水等,形成挂冰、冰柱,侵入规定限界;沙土等伴随漏水流出,铺砌层可能发生浸没和沉降

特殊检查完成后,应提交特殊检查报告。特殊检查报告的内容应包括:

(1)检查的主要经过,包括检查的组织实施、时间和主要工作过程等;

(2)所检查结构的技术状况,包括检查方法、试验与检测项目及内容、检测数据与结果分析以及对破损结构的技术评价等;

(3)对病害的成因、范围、程度等情况的分析,及其维修处治对策、技术以及所需资金等建议。

6.3 隧道养护

6.3.1 隧道日常养护主要包括经常性和预防性养护及对破损的维修等,保持和恢复隧道良好的技术状态。具体各部位的养护要求如下:

(1)洞口:及时清除洞口边坡危石、浮石,冬季应清除积雪和挂冰,保持洞口边沟和边仰坡上截(排)水沟的良好、畅通,修复洞口挡土墙、护坡、排水设施和减光设施等结构物的轻微损坏,维护洞口附近花草树木。

(2)洞身:对于无衬砌隧道出现的碎裂、松动岩石和危石,应本着"少清除、多稳固"的原则进行处治;对于围岩的渗漏水,应开设泄水孔接引水管,将水导入边沟排出;冬季应及时清除洞顶挂冰。

对于有衬砌隧道出现的衬砌起层或剥离,应及时清除和加固;对于衬砌的渗漏水,可将水流引入边沟排出;冬季应及时清除洞顶挂冰等。

(3)路面:及时清除隧道内外路面上的塌(散)落物,及时修复、更换损坏的窨井盖或其他设施的盖板;当路面出现渗漏水时,应及时处治,将水引入边沟,防止路面积水或结冰;冬季应及时清除洞口处积雪。

(4)人行和车行横洞:横隧道内严禁存放任何非救援用物品,及时清除散落杂物,修复轻微结构破损,定期保养横洞门,保持横洞清洁、畅通。

(5)斜(竖)井:及时清除井内可能损伤通风设施或影响通风效果的异物;维护井内排

水设施,保持水沟(管)畅通;对井内的检查通道或设施进行养护,防止其锈蚀或损坏。

(6)风道:清理送(排)风口的网罩,清除堵塞网眼的杂物;定期保养风道板吊杆,防止其锈蚀;及时修复风口或风道的破损,更换损坏的风道板。

(7)排水设施:及时维护隧道内外排水设施,发现破损及时修复;排水管堵塞时,可用高压水或压缩空气疏通。

(8)吊顶和内装:吊顶和内装应保持良好和整洁美观,如有破损、缺失应及时修补恢复,不能修复的应及时更新。

(9)人行道或检修道:维护人行道或检修道的良好和畅通,道板如有破损或缺失,应及时进行修复和补充;定期保养人行道或检修道护栏,防止其锈蚀、损坏。

6.3.2 公路隧道按有无衬砌可分为有衬砌隧道和无衬砌隧道。

(1)有衬砌隧道的养护:

①衬砌变形、开裂,可采取下列措施进行处治:

a. 由于衬砌背面存在空隙造成的,可在衬背压注水泥砂浆,使衬砌受力均匀,有效地利用衬砌强度。

b. 由于衬砌厚度不足、年久变质、腐蚀剥落、严重裂缝而影响衬砌强度时,可在衬砌外露面喷射水泥混凝土,其厚度一般为 80 ~ 150mm,必要时可加配锚杆及钢筋网。如建筑限界能满足要求,也可考虑在原衬砌下加筑套拱加固(图6-1)。

c. 对已稳定的裂缝,可采取压注环氧水泥砂浆或水泥砂浆加固。

②衬砌表面腐蚀、剥落及灰缝脱落但尚未影响其强度的,可先清除表面松动部分,分段或全面加喷一层水泥砂浆或水泥混凝土保护层,厚度为 30 ~ 60mm。

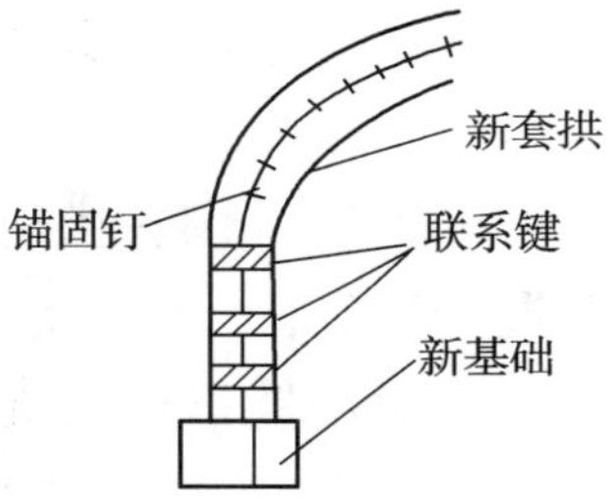

图 6-1　套拱加固

③端墙、侧墙、翼墙位移、开裂,可采取下列措施进行处治:

a. 当地基为膨胀性岩层或承载力不足而引起局部下沉时:

(a)扩大基础,提高承载能力:如下沉不严重,可采取扩大基础,提高其承载能力。在隧道净宽能符合要求并不侵入建筑限界的前提下,还可在扩大的基础上浇筑水泥混凝土三角形撑托并用钢筋联结(图 6-2)。

(b)设置仰拱:在路面下加设水泥混凝土或钢筋混凝土仰拱(图 6-3)。

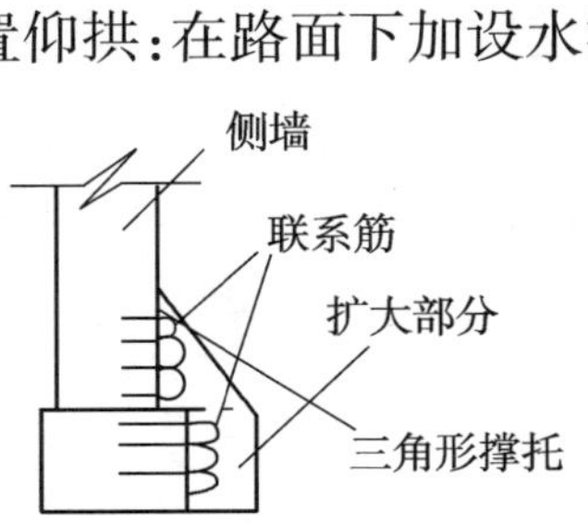

图 6-2　扩大基础加固

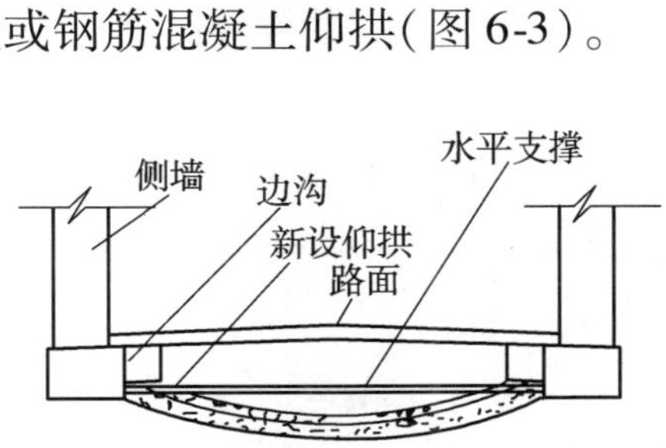

图 6-3　设仰拱或水平支撑

b. 当端墙外倾时:

(a)墙背填土改换内摩擦角大的填料。

(b)向墙背填土压注水泥砂浆。

(c)完善、整修端墙后的排水系统。

c. 当隧道衬砌侧墙外凸时:

(a)向侧墙与围岩之间的填料压注水泥砂浆。

(b)用锚杆锚入围岩体内,并用水泥砂浆封固。

④路面拱起、沉陷、错台、开裂,可采取下列措施进行处治:

a. 当由于围岩侧压力过大引起侧墙内移而导致路面拱起时,可在路面下加设水平支撑或仰拱(图6-3)。

b. 当路面局部沉陷、错台、严重碎裂时:

(a)挖除碎裂路面及其下部已损坏的基层直至围岩,清底后用低强度等级水泥混凝土重铺基层,再铺面层。

(b)路面局部沉陷、错台、开裂处如伴有严重的渗漏水,应同时处治渗漏水,将水引入两侧边沟。

(2)无衬砌隧道的养护:

①隧道围岩发生破碎,产生危石、渗漏水等病害,应本着"少清除、多稳固"的原则,及时进行处治。

a. 当清除可能会牵动周围大片岩石时,可喷浆或压浆稳固。

b. 对不宜清除的小面积碎裂,可抹水泥砂浆稳固。

c. 碎裂范围较大时,根据病害程度及范围,可采取喷射混凝土、锚喷混凝土或挂网锚喷混凝土稳固。

d. 对不能清除又无法压浆稳固的个别较大危石,应首先用水泥混凝土或浆砌块石垛墙作临时支撑,然后采取根治措施。

②隧道内的围岩孔洞、溶洞或裂缝均应封闭。封闭前将松动的岩石清除。对有渗水的孔洞,应预埋接引水管,将水从边沟引出。

6.3.3 隧道的交通标志应保持完整、清晰、醒目,保持位置、高度和角度适当,交通信息无误。及时清洗标志板面的脏污,清除遮挡标志的障碍;及时修补变形、破损的标志,修复弯曲、倾斜的支柱,紧固松动的连接构件;对锈蚀损坏、老化失效的标志,应及时更换,缺失的应及时补充。

隧道的交通标线应保持完整、清洁和醒目。及时清洗脏污的标线,对破损严重和脱落的标线应及时补画;清除突起路标上的脏污和杂物,及时紧固松动的路标,发现损坏或丢失的,应及时修复或补换。

6.3.7 隧道病害处治应根据检查结果,针对病害产生的原因,按照安全、经济、合理的原则确定方案。隧道病害的处治方案可由一种或多种处治方案组成,处治方法可参考表6-4所列进行合理选择。

表 6-4 隧道病害处治方法选择表

处治方法	病害原因												病害现象特征	预期效果
	外力引起的变化							材料劣化	渗漏水	其他				
	松弛压力	偏压	地层滑坡	膨胀性土压	承载力不足	静水压	冻胀力			衬砌背面空隙	衬砌厚度不足	无仰拱		
衬砌背面注浆	★	★	★	★	★	★	★		○	★			衬砌裂纹、剥离、剥落	衬砌与岩体紧密结合，荷载作用均匀，衬砌和围岩稳定
防护网								★					①衬砌裂纹、剥离、剥落； ②衬砌材料劣化	防止衬砌局部劣化
喷射混凝土	○	☆		☆	☆	○	○	☆			☆		①衬砌裂纹、剥离、剥落； ②衬砌材料劣化	防止衬砌局部劣化
锚杆加固	☆	★	☆	★	★	○	☆	○			☆	★	①拱部混凝土和侧壁混凝土裂纹，侧壁混凝土挤出； ②路面裂缝，路面基层膨胀	①岩体改善后岩体稳定性提高，防止松弛压力扩大； ②通过施加预应力，提高承受膨胀性土压和偏压的强度
排水止水	○	○	☆	○	○	★	★		★				①衬砌裂纹或施工缝漏水增加； ②随衬砌内漏水流出大量沙土	①防止衬砌劣化，保持美观； ②恢复排水系统功能，降低水压
套拱	○	☆	☆	☆	☆	○	○	☆			★		①衬砌裂纹、剥离、剥落； ②衬砌材质劣化	由于衬砌厚度增加，衬砌抗剪强度得到提高
绝热层							★						①拱部混凝土和侧壁混凝土裂缝，侧壁混凝土挤出； ②随季节变化而变动	①由于解冻，防止衬砌劣化； ②防止冻胀压力的产生
滑坡整治		☆	★										①衬砌裂缝，净空宽度缩小； ②路面裂缝，路面基层膨胀	防止岩层滑坡
围岩压浆	○	○				○		○	☆	☆	☆		①拱部混凝土和侧壁混凝土裂缝，侧壁混凝土挤出； ②路面裂缝，路面基层膨胀	周边岩体改善，提高了岩体的抗剪强度和黏结力
灌浆锚固	☆	★	★	★	★						○	★	①拱部混凝土和侧壁混凝土裂缝，侧壁混凝土挤出； ②路面裂缝，路面基层膨胀	由于施加预应力，提高膨胀性岩层、偏压岩层的强度
增设仰拱		★	☆	★	★	○	☆					★	①拱部混凝土和侧壁混凝土裂缝，侧壁混凝土挤出； ②路面裂缝，路面基层膨胀	提高对膨胀围岩压力和偏压围岩压力的抵抗力
更换衬砌	☆	☆	☆	☆	☆	○	○	★	☆	☆	★	★	①拱部混凝土和侧壁混凝土裂缝，侧壁混凝土挤出； ②路面裂缝，路面基层膨胀	更换衬砌，提高耐久性

注：1. 符号说明：★-对病害处治非常有效的方法；☆-对病害处治较有效的方法；○-对病害处治有些效果的方法。
2. 松弛压力中包括突发性崩溃的情况。

6.3.8 本条规定了明洞与半山洞养护的基本要求。

明洞顶的填土厚度和地表线,应保持原设计状态。当遇边坡塌方形成局部堆积,或遇暴雨、洪水原填土大量流失时,应及时调整到原有状态,以防产生严重偏压,导致明洞结构变形、损坏。

当明洞地基强度不足,引起两侧墙下沉时,可在两边墙间的路面下加建仰拱,以减少地基应力。

在半路堑地段,尤其是深埋基础的明洞外边墙可能向外侧位移时,可在路面下设置钢筋混凝土横向水平拉杆,锚固于内边墙基础或岩体中或用锚杆锚固于稳定的岩体中。当地形条件允许时,也可在外边墙外侧加建支撑垛墙。

如因边墙后回填不密实导致边墙侧向位移,应将回填不密实部分用片石混凝土、浆砌片石回填密实或喷注水泥砂浆。

明洞的防水层已失效或损坏的,应及时修复。其顶部覆盖填土与边坡交接处上方,应加修截水沟。截水沟的深度应符合标准要求,一般不小于0.6m,底宽一般在0.4~0.6m;边坡1:1.0~1:1.5,截水沟的水流应尽量远离隧道口。

6.4 隧道防护与排水

6.4.1 如遇山体滑动可能引起隧道破坏或隧道处山坡岩石节理发育、风化和有坑穴、溶洞、裂缝等现象时,可采取下列防护措施:

(1)修建挡土墙进行保护性填土,使山体受力平衡。

(2)保护性开挖洞顶部分山体,减轻下滑重力。

(3)在滑动面以上的土体不厚的情况下,可在滑动面下端设置锚固桩抗滑。

(4)用浆砌片石、石灰土、黏土等填补洞穴、封闭裂缝、整修地表、稳固山坡。

(5)地表岩石松散破碎时,可喷水泥砂浆固结。

(6)洞口处的边、仰坡坡率与石(土)质不相适应导致坍塌时,可采取下列措施:

①根据实际的边、仰坡石(土)质及高度,整修坡率。

②如坡率无法整修,可局部加筑护面墙或挡土墙。

③边、仰坡用绿色植物进行防护。

④疏通或增建边、仰坡的排水系统。

6.4.2 对有坡度隧道的上洞口路基边沟及两侧沉沙井应及时清除泥沙杂物,疏导畅通。如地形条件允许,可将边沟纵坡改建成与路面纵坡方向相反,即向洞外方向倾斜,并在适当地点将水流横向排出路基,使上洞口地面水不致流向隧道。

隧道上洞口的路堑,如出现路面地表水来不及流入边沟而淌入洞内时,可在洞门外1m左右处设横向截水设施妥善引出。

应设法使隧道顶山坡上的地表水迅速向两侧排走,避免地表水渗入洞身。可采取对地表做防护性封闭或修建截水沟、排水沟等措施,使漫流顺势排至远离洞口处。

洞口覆盖层较薄和渗透性强的地层，地表水应及早处治，并符合下列要求：

(1)洞口附近和浅埋隧道应整平洞顶地表，不得积水。

(2)坑洼、钻孔、探坑等应回填黏土，并分层夯实。

(3)洞顶上方如有沟谷通过且沟谷底部岩层裂缝较多，地表水渗漏对隧道有较大影响时，应及时用浆砌片石铺砌沟底，或用水泥砂浆勾缝、抹面。

(4)洞顶附近有井、泉、池沼、水田等时，应妥善处理，不宜将水源截断、堵死。

(5)清理地表杂草和树丛，开沟疏导封闭积水洼地，不得积水。

(6)应整治洞顶已有排水沟槽，保持水流畅通，必要时应予铺砌。

6.4.3 隧道内渗漏水，可采取下列措施处治：

(1)增设衬砌背面排水系统，即在边墙内加设竖向盲沟(渗沟)及泄水管，将渗漏水引入隧道的边沟内排出(图6-4)。

(2)对裂缝集中处的漏水，可采取封闭裂缝埋管排漏。处治程序如下(图6-5)：

①从各漏水缝向选定的排水集中点开凿八字形沟槽。

②视漏水量的大小，用可透水软管嵌入八字形沟槽内，同时抹速凝砂浆稳固。

③在排水集中点埋入一段硬塑管，并用砂浆稳固。

④在硬塑管外接一条排水管，并固定在侧墙上，使漏水通过排水管排入边沟。

(3)衬砌工作缝处漏水时，可加设工作缝环形暗槽，将漏水通过暗槽内的半圆管排入纵向边沟。处治程序如下(图6-6)：

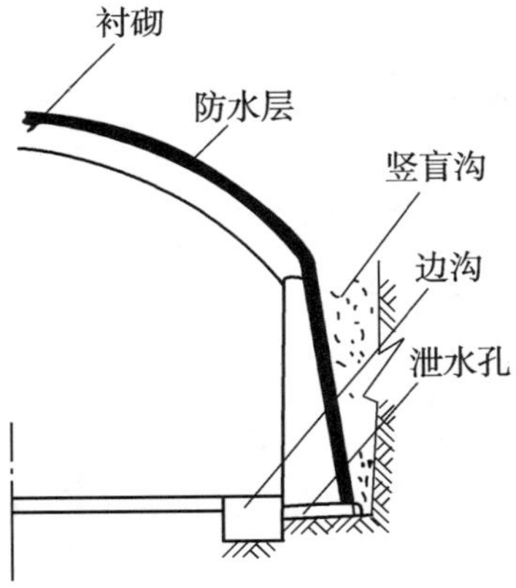

图6-4 衬砌背面排水系统

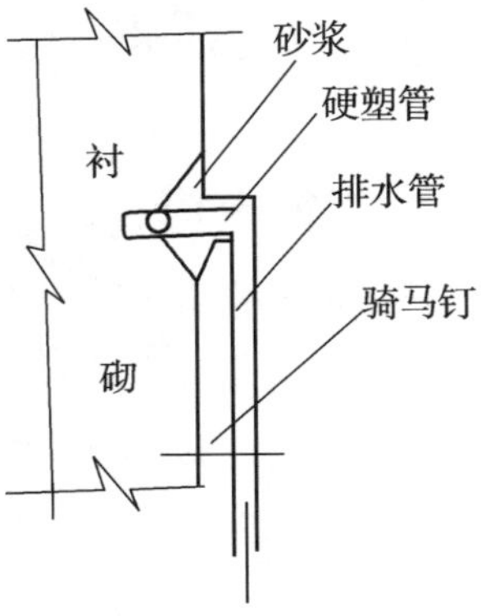

图6-5 埋管排水

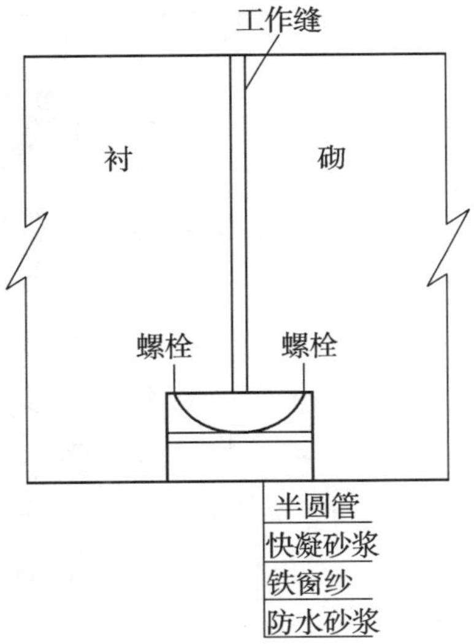

图6-6 环形暗槽

①以工作缝为中心，开凿宽150mm、深100mm的槽，清槽，涂沥青一遍。

②布设玻璃布半圆管，可透水的平面紧贴槽壁，用螺栓将其固定在槽壁上。

③在半圆管外侧涂抹快凝砂浆。

④在快凝砂浆外侧布设铁窗纱两道。

⑤用防水砂浆将槽口封平。

(4)对少量渗水,可抹防水砂浆封闭,也可在衬砌表面铺一层防水层。防水材料可用水泥或树脂类材料,但注意不应使其承受水压。防水层外面还可喷一层水泥砂浆或水泥混凝土保护层。

(5)对地下涌水,可采用下列处治方法:

①设横向盲沟并加深纵向排水沟。若涌水量大,必要时还可加修路中心排水沟或盲沟。

②修建水泥混凝土路面,并在路面下设隔水层,以阻断地下涌水。

③在路面与围岩之间压注防水水泥砂浆或水泥浆。

6.5 隧道附属设施

隧道附属设施主要指为隧道营运服务的相关机电设施,包括供配电设施、通风设施、照明设施、监控和消防设施以及消音减噪设施等。

6.5.1 隧道通风:

1 隧道的通风要求,根据现行《公路隧道设计规范》(JTG D70)规定主要是对隧道内的一氧化碳(CO)、烟雾和异味进行稀释,并保持其浓度小于规定的容许值。

2 对于各种机电设施的养护效果可用设备完好率进行考核,设备完好率可按式(6-1)计算。

$$设备完好率 = \left(1 - \frac{设备故障台数 \times 故障天数}{设备总台数 \times 日历天数}\right) \times 100\% \tag{6-1}$$

对通风设施量较大的隧道配备风压计、风速计、声级计等测试设备是必要的,而设施量较小的隧道可以委托专门的测试单位进行测试。

3、4 机电设施的养护维修可分为日常巡查、经常性检修、定期检修、分解性检修和应急检查。

(1)日常巡查是指在巡查车上或通过步行目测对机电设施外观和运行状态进行的一般巡查,高速公路隧道应不少于1次/d,其他公路可按1次/(1~3)d进行。

(2)经常性检修是指通过步行目测或使用简单工具,对设施仪表读数、运转状态或损伤情况进行的检查,可按1次/(1~3)月进行;对破损零部件应及时进行维修更换。

(3)定期检修是指通过检测仪器对仪表进行标定,和对连接及装配状态等机电设施运转情况和性能进行的较全面的检查和维修,可按1次/年进行。

(4)分解性检修是指通过对设备分解拆卸而进行的重点检修,可按1次/(3~5)年进行。

(5)应急检查是指公路隧道内或相邻处发生重大事故或自然灾害后对机电设施进行的检查,没有固定周期,可配合土建结构检查一起进行。

6.5.2 隧道照明参照现行《公路隧道设计规范》(JTG D70)的要求确定。

2　隧道照明灯具的防护等级 IP65 的含义是:防尘达到6级,无尘埃进入;防水达到5级,任何方向喷水无有害影响。

6.5.3　监控设施主要包括烟雾浓度探测仪、CO 检测仪、交通量检测仪、车高仪、电视监控设施、播音设施、可变信息板、限速标识设施、信息处理设施以及控制软件等监视隧道营运状态、设备运转情况及控制相关设备运转的各种设施。

7 路线交叉

7.1 一般规定

7.1.3 交通标志与标线应配合使用,协调一致。交通标线应根据路面宽度、交通流量和视距等因素画设,做到标准、规范、线形流畅、齐全醒目。

7.2 立体交叉

7.2.2 公路立交的跨线桥,桥下净空不够时,在两侧桥基深度许可的情况下,可将公路路面高程降低,并在桥下一定范围内铺筑水泥混凝土路面,亦可将跨线桥的桥面结构改为建筑高度较低的结构,以增加桥下净高。如跨线桥下净宽不足(且为分离式立交),在原桥处扩宽有困难时,可在附近另辟桥孔,分向行驶。

7.2.7 防撞护栏的防撞性能要求不低于SB级(指护栏抗车辆冲击强度),见《公路交通安全设施设计规范》(JTG D81—2006)。

7.3 平面交叉

7.3.1 平面交叉的调整和归并主要指通过交叉支线在上游的归并减少交叉数量,也可通过在直行车道外侧增设分隔式辅助车道,将路侧出入口归并到主要交叉口。进行归并的原则是等级低的向等级高的归并,农村机耕路向等级公路归并。

7.3.5 平面交叉路口应根据直行、转弯交通量情况,按照公路路线设计的相关规定采取加辅转角、加宽路口、增设转弯车道、设置导流岛、施画导流标线等措施渠化交通。

7.3.8 对平交路口处的其他道路进行硬化的目的是防止公路路面啃边,防止泥土污染公路路面,提高车辆通行舒适度。

7.3.10 减速设施形式的选择应充分考虑行车的舒适性、路面排水及养护等因素,慎用坎式等强制性减速装置。

8 公路防灾与突发事件处置

8.2 公路防洪与水毁抢修

8.2.1 本条规定了公路防洪检查的总体要求。

1 汛前检查重点工作内容有:

1)检查公路防排水系统。检查其设施是否良好,对受损设施应做好记录,并在汛期到来之前完成修复;检查其功能是否正常,及时清理各种淤积、堵塞;检查其系统是否适应,对防排水系统本身的不足之处和因环境变化引起的不适应部分进行分析记录,适时进行完善。

2)检查公路上边坡、下边坡、挡墙和路基的稳定性。检查其是否存在裂缝,是否产生位移、滑动,边坡是否存在危石,各类情况要做好记录,存在问题应及时处治,并对上边坡、下边坡、挡墙和路基的稳定性以每公里为单位,分三类作出初步评价(基本稳定、易受水毁、存在缺陷),对易受水毁路段要加强观察,对存在缺陷路段应在汛期前采取措施进行防患。

3)检查各类结构物的稳定性和桥涵的泄洪能力。

2 洪水观测的主要内容有:

(1)水位观测

桥梁的水位观测,可借助设在桥墩上的固定水位标尺或水准仪进行。

平曲线凹岸、导流堤、丁坝和护岸等调治构造物的水位观测,可视工程设施的重要性,设置固定水尺或临时水尺进行。

(2)流速观测

大型桥梁在观测水位的同时应进行流速观测。其他构造物是否进行流速观测,视构造物的重要性及水毁后危害性等实际情况确定。

(3)河床横断面及冲刷深度观测

不稳定河床上的桥梁,一般应在桥位处及上、下游各50m处测3个横断面。稳定河床上的桥梁可只测桥位处横断面。

深槽区桥墩、浅埋式基础及丁坝和导流堤等调治构造物宜在最前、堤头等水流冲击处,观测洪水期间的局部冲刷深度变化。观测时间应与测速时间相对应。

(4)流向观测

不稳定河床或平曲线处应进行水流流向观测,并观测不同水位时的流向变化情况。

8.2.2 本条规定了公路水毁的防治对策。

1 公路塌方、滑坡的防治

山坡堆积物或路基土体在自重作用下,沿边坡产生不同程度的坍塌称为塌方。堆积层或岩层在自重作用下,沿滑动面下滑的现象称为滑坡。

坍方、滑坡产生的主要原因是地表水或地下水侵入土体,土体单位重增大,内部土体抗剪强度降低所致。在开挖、开荒种植不当等人为因素或地震、水冲击等自然力作用下,土体平衡条件受到破坏也能形成坍方和滑坡。

对塌方、滑坡,可采取下列措施:

1)设置截水、排水沟,防止地表水、地下水流入坍、滑体。

(1)在坍、滑体上方,按其汇水面积及降雨情况,结合地形设置一道或几道截水沟,使地表水全部汇入截水沟排出。截水沟断面一般可取深0.4~0.6m,沟底宽0.5m左右,边坡1:1~1:1.5。

在坍、滑体范围内,根据水量大小开挖树枝状排水沟。其主沟与滑动方向一致,以免滑坡体滑动时水沟破裂水量集中下渗。水沟跨过裂缝时,可采取搭建叠形渡槽引过。排水沟尺寸可略小于截水沟,填平坡体的洼地、水塘,整平夯实山坡坡面。

若截水沟和排水沟通过砂性土地带,应采用三合土或水泥砂浆抹面,以防漏水。

(2)坍、滑体内地下水丰富且层次较多时,可设支撑盲沟,用于排水和支撑。当坍、滑体上方有地下水时,在垂直于地下水流的方向设截水盲沟,将地下水引向两侧排出。

截水盲沟宽度一般为1m左右,深度视地下水或滑动面埋深而定,应设置于地下水层之中。其基底应置于滑动面之下的稳定土层上,盲沟内填充碎石或卵石,周围用细沙或草皮做反滤层,以防盲沟淤塞。

2)设置构造物,维持土体平衡。

(1)若滑坡体下有坚实基底,且滑坡体推力不大,可设置抗滑挡土墙。挡土墙尺寸应经过计算确定。

(2)若滑坡体底部有未扰动层,可打桩阻止坍体滑动。一般在坍体滑坡的斜面上,用木桩或水泥混凝土桩穿过坍、滑体,打入未扰动下层。桩的间距及打入深度应经过计算确定。

3)稳定边坡。

(1)土质边坡可植草皮,风化石质或泥质页岩坡面可植树种草,利用植物根系固定表土,并减少地表水下渗。

(2)岩石风化碎落坡面区,可用表面喷浆、三合土抹面或黄泥拌稻草抹面;土质坡面可采取铺砌块石护坡。

(3)根据边坡地形特点和地质条件,采用刷方减缓坡度或在滑坡体上部挖去一部分土体,减轻滑坡体重力,以减少下滑力,增强滑坡体的稳定性。刷方或上部减重的数量按平衡条件验算确定。

2 泥石流的防治

山岭地区,暴雨或融雪水挟带大量土、石等固体物质汇入沟谷,形成突然的短暂的间歇的破坏性水流为泥石流。

泥石流是在坡面土体疏松、植被稀少、边坡陡峻(30°~35°以上)、细沟微谷发育条件下,由大强度暴雨或融雪水的作用而形成的。按其物质组成和运动特性可分为下列三种:

(1)黏性泥石流:固体物质含量达40%~60%,最高可达80%,含有大量黏土和粉土并挟有石块,水和固态物质凝聚为黏稠的整体,以相同的速度作整体运动,大石块漂浮于表面而不下沉。流经弯道时有超高和裁弯取直作用,破坏性极大。

(2)稀性泥石流:固体物质含量10%~40%,黏土和粉土含量少,水和固体物质不能形成整体,水沙构成的泥浆速度远大于石块速度,石块在床面以滚动方式运动,并有一定的分选性。

(3)泥流:固体物质为粉沙,平均粒径小于1mm的含量为60%以上。其中粒径小于1mm的占90%以上。

当采用拦挡坝成群建筑形式治理泥石流时,坝间距离应按下游回淤的泥沙能对上一道起到防冲护基作用为准;拦挡坝有实体坝、格栅坝、铁丝石笼坝等多种形式。实体坝适用于各类泥流沟;格栅坝适用于稀性泥石流沟;铁丝石笼坝为临时性措施,适用于泥流沟。

停淤场可设在堆积区中、下部的扇面宽阔处,或设在两扇间的低洼处。

当桥梁跨过泥石流的山前堆积体离其顶端很远时,可根据实际情况采用挑导坝、丁坝、导流堤相结合的综合调治措施。

对于路侧的小量泥石流,应在路肩外缘设置碎落台或修建挡渣墙,并随时清除沉积的泥石。

3 沿河路基水毁的成因和防治

沿河路基水毁的成因如下:

(1)受洪水顶冲、淘刷的路段,路基缺少必要的防护构造物。

(2)路基防护构造物基础处理不当或埋置深度不足而破坏,引起路基水毁。

(3)半填半挖路基地面排水不良,路面、边沟严重渗水,路基下边坡坡面渗流普遍出露,局部管涌引起路基坍垮。

(4)风浪袭击路基边坡,边坡过量水蚀而坍垮。

其治理一般采用丁坝(不漫水丁坝和漫水丁坝)以及浸水挡土墙,可达到很好的治理效果。

4 桥梁水毁的成因和防治

桥梁受洪水冲击,墩台基础冲空危及安全或产生桥头引道缺、断,乃至桥梁倒塌,主要成因是:

(1)桥梁压缩河床,水流不顺,桥孔偏置时,缺少必要的水流调治构造物。

(2)基础埋置深度浅又无防护措施。

应采取下列措施进行水毁防治:

1)稳定、次稳定河段上桥梁修建调治构造物:

(1)正交桥位,两侧有滩且对称分布时,两侧桥头布置对称的曲线形导流堤。

(2)正交桥位,两侧有滩但不对称时,两侧导流堤一般布置成口朝上游的喇叭形。大滩侧为曲线形导流堤,小滩侧为两端带曲线的直线形导流堤。

(3)桥位在河流弯道上时,凹岸布置直线形导流堤,凸岸布置曲线形导流堤。

(4)桥位与河槽正交,一侧引道向上游与滩地斜交,另一侧引道与滩地正交时,斜交侧桥头布置梨形堤,引道上游侧设置短丁坝群。当水深小于1m,流速小于1m/s时,可以边坡加固代替短丁坝群;正交侧桥头设置直线形导流堤。

(5)桥位与河槽正交,一侧引道伸向下游与滩地斜交形成“水袋”,另一侧引道与滩地正交时,斜交侧桥头设置曲线形导流堤,引道上游进行边坡加固,并在适当位置设置小型排水构造物,以排除“水袋”积水;正交侧桥头设直线形导流堤。若斜交侧滩地不宽,可设封闭导流堤消除“水袋”。

(6)斜交桥位,两侧有滩地且对称分布时,根据河槽流向,锐角侧设梨形堤,另一侧设两端带曲线的直线形导流堤。

2)不稳定河段上桥梁修建调治构造物:

(1)桥梁位于出山口附近的喇叭形河段上,封闭地形良好,宜对称布置封闭式导流堤。

(2)引道阻断支岔,上游可能形成“水袋”。为控制洪水摆动,防止支岔水流冲毁桥头引道,视单侧或双侧有岔及地形情况,可对称或不对称设置封闭式导流堤。

(3)一河多桥时,为防止水流直冲两桥间引道路基,可结合水流和地形条件,在各桥间设置分水堤。

(4)桥梁位于冲积漫流河段的扩散淤积区,一河多桥而流水沟槽又不明显时,宜设置漫水隔坝,并加强桥间路堤防护。

8.2.3 本条规定了公路路段、桥涵抗洪能力的评定方法、评定标准以及应采取的相应技术措施。

8.3 公路防冰与防雪

8.3.1 公路冰害和雪害是我国北方地区的常见灾害。

基于经济技术条件,公路设计时是依据公路等级、结构物的规模及重要性,针对一定频率的灾害来设防。超过设防限度,就会造成损害,因此应有应对超过设计安全度的灾害的应急预案。灾害事件发生,轻则影响公路的通行安全和畅通,重则造成公路构造物毁坏、交通中断,使人民生命、财产造成重大损失。因此,在公路养护管理中对于防灾、减灾应高度重视,常备不懈。实践证明,加强防护、消除隐患以及准备充分的灾害应对措施可以大大减轻灾害的危害程度。

灾害防治应有预防措施和方案,应储备抢修的物资、器材,积极防治、治早、治小,应以确保安全通行为主要目标。确定抢修方案时,应尽量考虑抢修工程能在恢复工程时被充分利用。

8.3.2 路面积冰主要防治措施如下:

(1)发生低温降水时,在降水后半段撒融雪剂,防止雨水结成冰。

(2)对可能出现河水漫路的路段进行拦截、引流。

(3)采取机械设备或人工清除路面积冰。

(4)在路面结冰路段及时撒铺防滑料。

对涎流冰应采取如下防治措施:

(1)在涎流冰路段设置明显标志。

(2)及时阻拦涎流冰路段继续向路面流水。

(3)及时清除流至路面上的流冰,不能及时清除的,应及时撒铺防滑料,或撒铺盐、融雪剂等使之软化并铲除。

桥涵构造物冰害防治的措施有:

(1)桥梁上游如有大片低洼地,可用土坝截流。

(2)河床纵坡不大的河流,可于入冬初在桥位下游修筑土坝,使桥梁上、下游约50m范围形成水池。水面结冰坚实后,在水池上游开挖人字形冰沟,同时在下游河床最深处挖开土坝,放尽池内存水,保持上下游进、出水口不被堵塞,使水从冰层下流走。

(3)在桥位上下游各30~50m的水道中部顺流开挖冰沟,用树枝、柴草覆盖,再加铺土或雪保温,并经常进行检查维修,使冰沟不被冻塞,解冻开始时将其拆除。

(4)气温突变时河流解冻的流冰,对桥梁墩台、桩、破冰体和导流坝等会产生程度不同的冲击,应采取相应的防护措施。为使流冰从桥下顺利通过,除下游比上游解冻较早的桥梁外,可采取下列方法进行防护:

①解冻前,对桥梁上游5km内河道中的冰层厚度等,进行调查测探。在流速降低的河湾、浅滩处,流冰可能互相挤压,重新聚结,形成巨型冰块,甚至形成冰坝,造成水位抬高,威胁桥梁安全,应根据所掌握的资料,备足抢护材料、工具和安全照明设备等,在流冰期指定专职小组分工负责观测、抢护工作。并应提前在桥边设置悬梯,在墩台和破冰体之间搭设跳板。

②解冻临近时,对封冻的冰面,在桥位下游处用人工或爆破方法开挖冰池。其长度为河面宽的1~2倍;宽度为河面宽的1/3~1/4;并不小于河道的最大桥跨(图8-1)。

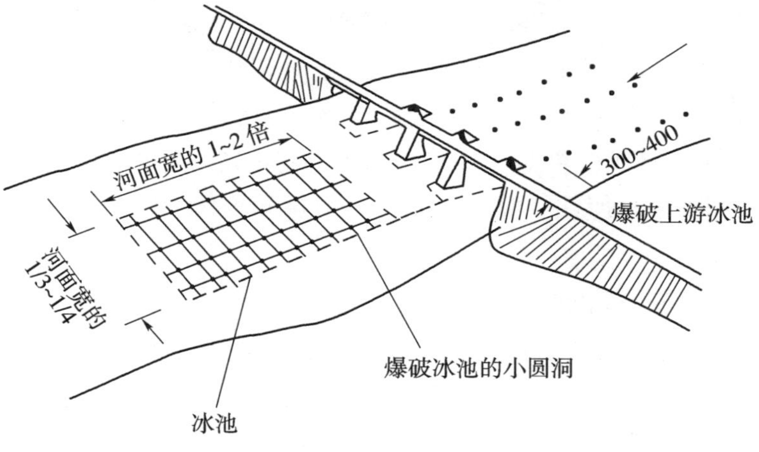

图8-1　开挖冰池处理冰块(尺寸单位:m)

当水面宽度小于30m时,冰池的长度宜增加到水面宽的5倍。接近冰池下游应开凿

0.5m宽的横向冰沟。当冰块很厚,有强流冰发生时,可在桥台、墩、桩、破冰体周围及桥位下游20~25m范围内,开挖纵横冰沟。对冰池、冰沟应经常检查,若有冻结,应反复捣开。在危急时刻,可用撬棍、长杆、钩杆等工具,在下游将凿开的冰块逐一送入冰层下冲走。

③流冰临近时,应清除上游冰层。冰层厚度在300mm以下的,可用人工撬拨;大于300mm的,宜用炸药炸碎。对较大的流冰体,应在上游用炸药炸碎。

8.3.3 公路雪害主要有积雪和雪崩两种形式,其危害轻者影响交通安全,重者阻断交通。对雪害的防治,应通过全面的调查研究,摸清雪害的成因与基本规律,了解现有防雪设施的防护效能,保持防雪设施的良好状态,增添必要的防雪设施,减少雪害对公路交通的危害程度。

8.3.4 对风雪流应进行综合防治,实行工程防护和植物防护相结合的措施。

(1)受风雪流影响的公路,路基边坡应尽量放缓,与路肩交接处应筑成或保持流线型,清除公路两旁影响风雪流顺畅通过的草木和堆积物等。

(2)公路养护材料应堆放在路肩外的堆料台上,堆放高度不得高于路基。

(3)受风雪流影响的路段,在路旁一定范围内不得植树,公路中央分隔带内不得种植有碍风雪流通过的树木。

(4)防雪林必须按规定位置种植,应栽植在雪季主导风向的上风侧,与同侧路基边缘的距离应为防雪林高度的10倍左右;防雪林带宜选用不同树种组成具有一定高度,高低错落的林带,以更好地起到阻雪防雪的作用。

(5)对易发生积雪的路段,有条件时,应采取局部改线或提高路基高度。否则,应根据实际需要,增设防雪设施。

(6)风雪流影响能见度的路段,为保障行车安全,应在公路两侧设置反光型红色标柱或反光型导向桩。设置间距,在直线段一般为30~50m,平曲线上可适当加密。

(7)受风雪流影响形成雪阻时,及时清除积雪,尽快恢复交通。弃雪应抛置于下风一侧,以免造成重复雪阻。有条件时,应采用撒铺盐、环保型融雪剂等化学除雪方法。对不能及时清除积雪的路段,应撒铺防滑材料。

(8)在冬季风吹雪频繁的平原和微丘荒野地区,可沿公路另建一条辅道。开始降雪时,立即封闭主线,开放辅道,主线上的雪被吹除(或清除)后,开放主线交通,同时清除辅道的积雪,以备下次降雪时使用。平时,应对辅道进行必要的养护和维护。

8.3.6 本条规定了雪崩防治工作的具体要求。

(1)路线(特别是盘山公路)多次通过同一雪崩地带时,应尽可能将公路移出。

(2)对危害公路的雪崩生成区,应于雪季前后,对防雪崩工程如水平台阶、稳雪栅栏进行维修。保护森林、植被,以充分发挥稳定雪体的作用。

(3)对雪崩运动区,应保持防雪崩工程如土丘、楔、铅丝网和排桩的良好状态,以减缓和拦阻雪崩体的运动。

(4)对雪崩运动区和堆积区,保持防雪走廊、导雪槽良好,以使雪崩体从空中越过;保持堆雪场地(堤)的良好,以保证将雪崩体引向预定的堆雪地。

(5)在大型雪崩发生前,宜制造一些小规模的“人工雪崩”,化整为零,以减轻雪崩对公路的危害。

(6)各种防治雪崩的工程措施,应注意保持原有植物和山体的稳定,避免造成人为滑坡、泥石流与塌方。

8.4 公路防沙

8.4.1 本条规定了公路防沙治沙的原则。

公路防风沙应坚持“以预防为主、防治结合、因地制宜、因害设防,先治标、后治本、标本兼治”的原则。

(1)应保护公路两侧一定范围内的天然植被,防止人为破坏造成新的沙源。

(2)根据不同风沙地貌类型,顺应风沙运动规律,选择合理的路基断面形式,为沙子创造非堆积搬运条件。

(3)路基两侧的防护应按风沙通过地区的自然条件,因地制宜地采取不同的措施:

①草原地带应以植物固沙为主,工程防治为辅。

②半荒漠地带宜采取以工程防护措施为主,与植物固沙相结合,固沙植物应以灌木和半灌木为主。

③荒漠地带主要采取工程防护措施。

8.4.3 本条规定了采取植物固沙措施的要求和防沙固沙植物品种的选择。

(1)对于沙丘迎风堤的风蚀区,由于风力撞击,沙层坚实,一般固沙植物难以生长,以选择生命力很强的柠条、花棒及油蒿为宜。

(2)对于沙丘坡脚及丘顶的沙埋区,沙层较疏松,宜选用黄柳、沙拐枣及水木蓼等固沙灌木。

(3)对于靠近公路两侧的沙漠边坡地区,宜选择小冠花种植。

(4)对于公路两侧的活动沙地,宜种植半灌木或草类植物,并与草方格治理结合进行,以提高治理效果。

(5)对于沙地地下埋藏有黏、壤质土层且深度较浅时,保水性能好,肥力较高,可栽植乔木;如为基岩、卵石、粗沙等,则只能栽植耐旱耐贫瘠的灌木。

(6)对于地下水为矿化度较轻或淡质水,水位深不超过1m的潮湿沙地,适于杨、柳类喜湿树种生长;水位深1~2m的湿润沙地,一般树种均可栽植;水位深2~5m,沙地比较干燥,应选用耐旱的乔木、灌木造林;水位深大于5m沙地,只能选用耐旱的灌木栽植。

(7)盐渍化土壤含盐量在0.3%以下时,一般树种均可种植;含盐量在0.3%~0.7%的沙地,可选用耐盐树种;含盐量在0.7%以上时,采用改良盐碱地的措施,选用柽柳等抗盐性特别强的树种。

9 交通工程及沿线设施

9.1 一般规定

9.1.2 本条是对交通工程及沿线设施的总体要求。“保障安全、提供服务、利于管理”是现行《公路工程技术标准》(JTG B01)中交通工程及沿线设施的设计原则;只有使交通工程及沿线设施处于完整、齐全、良好的技术状况,才有可能满足要求,真正发挥其“保障安全、提供服务、利于管理”的作用。

9.1.3 加强并及时对各种设施进行养护、维修和更换,是保持其处于完整、齐全、良好的技术状况的手段和条件。对于因受当时的设计和施工条件所限,造成设施不全或设施设置不合理的公路,应结合使用要求和技术发展状况,进行动态养护管理,不断完善、增设并提高其整体水平。

9.2 交通安全设施

9.2.1 本条规定了交通安全设施养护应达到的目标和基本要求。

交通安全设施主要包括:交通标志、交通标线、突起路标、轮廓标、护栏(波形梁钢护栏、水泥混凝土护栏、缆索护栏)、隔离栅、防眩设施,以及其他交通安全设施如里程碑、百米桩、道口标柱、公路界碑、防落网、锥形交通路标、公路防撞桶、减速垫、安全岛、平曲线反光镜、声屏障、示警标柱、示警灯等。

随着公路交通事业的发展和科技的进步,公路交通安全设施新材料、新产品不断涌现,交通安全设施的种类和范围将会不断扩充,其保障公路交通安全的功能将会不断提高和完善。

交通安全设施的特殊检查是遭遇自然灾害、发生交通事故或出现其他异常情况时,对设施进行的附加检查;定期检查是根据设施特点所进行的定期的、全面的检测和核查;专项检查是在设施更新改造之后,由具备资质的检查测试机构和人员,按照现行《公路工程质量检验评定标准(土建工程)》(JTG F80/1)规定的要求所进行的全项内容的检测核查。

保养维修是对设施根据需要所进行的日常清洁保养和维护修理等工作。更新改造指对设施主要部件的整体更换或设施的补设、新增。

不同的交通安全设施,其养护特点会有所不同。应结合设施特点,及时对交通安全设施进行各项必要的检查测试、保养维护和更新改造。检查结果应予以记录并进行判定。

检查结果的判定分为三类(表9-1)。

表9-1　检查结果的判定分类

判定分类	损坏程度	判定结论
A	无	无异常情况,只需进行规定的日常清洁保养
B	轻	存在轻微损坏,需根据损坏情况进行必要的维护修理
C	重	损坏严重,无法修护,需进行更新改造

各项交通安全设施的养护质量有其不同的具体要求,但均可归类为设施完整性、外观质量、安装质量、技术性能等。其中保证设施完整性是养护工作的重点,也是养护工作区别于新建公路工程的主要特点。

更新改造是对设施主要部件的整体更换或设施的补设、新增,其特点更接近于新建公路工程,应依据现行《公路工程质量检验评定标准(土建工程)》(JTG F80/1),对其工程安装质量和有关产品技术性能进行全面的检测。

除有计划地对交通安全设施进行养护以外,还应对因交通事故、自然灾害或其他原因造成的突发性设施损伤及时进行修复。

当采用常青绿篱和绿色植物作为隔离设施和防眩设施时,其养护工作应按照公路绿化的有关要求进行。

在公路的运营管理过程中,事故多发路段或一些特殊路段,其交通安全设施的养护应给予更多的关注,不断进行有效的改造和完善。

应对交通安全设施的养护质量进行检查和评定,以促进养护工作的开展。其评定方法按照现行《公路技术状况评定标准》(JTG H20)执行。

9.2.2　公路交通标志主要由标志板、支柱、连接件、基础等部件组成,是引导行车、保障交通安全的重要设施。应加强对公路交通标志的养护管理,使交通标志符合其质量要求。

(1)公路交通标志的养护质量应包括:保持交通标志的设置合理、结构安全,版面内容整洁、清晰;标志部件完整、无缺损且功能正常;标志无明显歪斜、变形,钢构件无明显剥落、锈蚀;标志面平整,无明显褪色、污损、起泡、起皱、裂纹、剥落等。交通标志的使用和制作,应符合现行《道路交通标志和标线》(GB 5768)、《道路交通标志板及支撑件》(GB/T 23827)等标准的规定。对于反光交通标志,应对其逆反射性能进行定期检测,以保证其保持足够的夜间视认性。

(2)公路交通标志的养护内容,除检查测试交通标志的各项质量要求外,主要是采用合适的方法,清理、清洁、修复标志板面、支柱、防腐涂层等,紧固、更换、增补各种连接件及缺损件。对于设置不合理或不完善的交通标志,尤其是特殊路段和事故多发路段的交通标志,应通过养护管理逐步补充完善。

具体的养护内容主要包括:

①检查测试交通标志的有关质量要求。

②清除标志板面及其周围的污秽、杂草、杂物或树木等遮挡物,或在规定范围内挪移标志。

③修复变形、弯曲、倾斜的标志板和支柱,补涂剥落的防腐涂层,增补缺损的标志件,紧固松动的连接件。

④标志设置或版面内容存在误差时,应进行必要的变更。

⑤对破损的基础进行修补。

⑥对事故多发路段及特殊路段的交通标志,应进行必要的增补、更换。

9.2.3 现行《道路交通标线质量要求和检测方法》(GB/T 16311)中,将路面标线按标线材料种类分为:a)溶剂型涂料标线;b)热熔型涂料标线;c)水性涂料标线;d)双组分涂料标线;e)预成型标线带标线。按标线功能分为:a)普通型标线;b)反光型标线;c)突起结构型振动反光标线。按标线设置方式分为:a)纵向标线;b)横向标线。

(1)标线颜色、线形应符合现行《道路交通标线质量要求和检测方法》(GB/T 16311)及相关设计要求。路面标线所用涂料应符合现行《路面标线涂料》(JT/T 280)的要求。重新画设标线时,应使新标线与旧标线重合;如无法重合,应将旧标线清除干净。

(2)路面标线的养护内容主要包括清洁标线表面和标线的局部补画。

具体的养护内容主要包括:

①检查测试路面标线的有关质量要求。

②清洁标线表面。

③标线的局部补画。

④事故多发路段及特殊路段标线的变更、增补。

9.2.4 突起路标是安装于路面的一种块状突起结构,一般与路面交通标线配合使用,设置在车行道的边缘线外侧或车行道分界线的虚线处。现行《突起路标》(JT/T 390)中,根据不同的结构形式以及是否具有逆反射特性,将突起路标分为A1类、A2类、A3类。

突起路标的质量应符合现行《突起路标》(JT/T 390)的要求。太阳能突起路标的质量应符合现行《太阳能突起路标》(GB/T 19813)的要求。

突起路标的平均寿命一般为2年左右,用于路侧边缘线、车辆较少碾压到的寿命会稍长。尤其反光型突起路标的反光片更易破损。因此,突起路标的养护主要是对破损者进行更换,并及时清理突起路标可能对人、车等造成伤害的残渣。太阳能突起路标是一种特殊形式的突起路标,可以集主动发光和逆反射特性于一体。太阳能突起路标的养护主要是保持其LED发光器件的正常发光。

突起路标的养护内容主要包括:

(1)检查测试突起路标的有关质量要求。

(2)补装、更换缺损的突起路标。

(3)修复或更换太阳能突起路标。

(4)清理突起路标可能对人、车等造成伤害的残渣。

(5)对事故多发路段及特殊路段增设或更换突起路标。

9.2.5 轮廓标是设置于道路边缘,用于诱导视线的一种设施。轮廓标上具有逆反射体或逆反射材料,在夜间车灯的照射下显示出道路边缘的轮廓,对行车进行安全引导。现行《轮廓标技术条件》(JT/T 388)中,轮廓标分为附着式和柱式两种。当路边有护栏等设施时,使用附着式轮廓标,轮廓标附设于设施之上;当路边无相关设施时,使用柱式轮廓标,轮廓标单独立于路侧。轮廓标的质量应符合现行《轮廓标技术条件》(JT/T 388)的要求。

为保证轮廓标的夜间视认性,应对轮廓标的表面定期进行清洗,去除附着于其上的灰尘、油污等。尤其对于安装在波形梁护栏上的附着式轮廓标,因其处于波形梁板凹进部分,雨水很难冲刷到其表面,自洁性较差,通过人工擦洗才能使其清洁。

轮廓标反射器如密封不好或受到损伤,雨水渗入其中,将使其逆反射性能大大降低甚至丧失其逆反射特性。因此,应加强对轮廓标的检查测试,对缺损及时进行更换和补充。

轮廓标的养护内容主要包括:

(1)检查测试轮廓标有关质量要求。

(2)清洁轮廓标表面。

(3)紧固轮廓标松动的连接件。

(4)更换破损的轮廓标。

(5)对事故多发路段及特殊路段增设或更换轮廓标。

9.2.6 护栏是一种重要的交通安全设施,通常设置于公路两侧和中央分隔带,用于防止失控车辆越出路外或穿越分隔带闯入对向车道,同时吸收碰撞能量,保护车辆和司乘人员生命安全。

根据其材料和结构特性,护栏分为半刚性护栏、刚性护栏和柔性护栏。半刚性护栏是一种连续的梁柱式护栏结构,具有一定的刚度和柔性。波形梁钢护栏是半刚性护栏的主要代表形式,是以波纹状钢护栏板相互拼接并由立柱支撑而组成的连续结构,主要由护栏板、立柱、柱帽、防阻块(托架)、紧固件等部件组成。刚性护栏是一种基本不变形的护栏结构。水泥混凝土护栏是刚性护栏的主要形式,是以一定形状的水泥混凝土块相互连接而组成的墙式结构。柔性护栏是一种具有较大缓冲能力的韧性护栏结构。缆索护栏是柔性护栏的主要代表形式,是以数根施加初张力的缆索固定于立柱上而组成的结构,主要由缆索、立柱、斜撑、锚具等部件组成。

护栏的养护工作应保持护栏的结构合理、安全可靠。护栏各组成部件应完整、无缺损,波形梁钢护栏、缆索护栏应无明显变形、扭转、倾斜、松动,钢构件无明显锈蚀;水泥混凝土护栏应无明显裂缝、掉角、破损等缺陷。护栏质量应符合现行《公路波形梁钢护栏》(JT/T 281)、《公路三波形梁钢护栏》(JT/T 457)及其他相关标准、规范的规定及设计要求。

护栏的养护内容主要包括:

1 波形梁钢护栏

(1)检查测试波形梁钢护栏的有关质量要求。

(2)清洗护栏表面,去除油污和脏物。

(3)补充、更换缺损的波形梁钢护栏部件。

(4)紧固松动的连接螺栓和拼接螺栓。
(5)对破损的防腐涂层进行部分或全部重新防腐并进行除锈处理。
(6)矫正、修复或更换毁损的波形梁板、立柱等部件。
(7)对事故多发路段及特殊路段的波形梁钢护栏进行相应的调整、加固。
2　水泥混凝土护栏
(1)检查测试水泥混凝土护栏的有关质量要求。
(2)修复破损、位移的水泥混凝土护栏。
(3)清洗水泥混凝土护栏表面的油污、脏物。
(4)对事故多发路段及特殊路段的水泥混凝土护栏进行调整、加固。
3　缆索护栏
(1)检查测试缆索护栏的有关质量要求。
(2)补充、更换缺损的缆索护栏部件。
(3)紧固松动的连接件。
(4)对锈蚀的缆索、立柱、锚具等进行更换或重新进行防腐处理。
(5)对事故多发路段及特殊路段的缆索护栏进行调整和加固处理。

9.2.7　隔离栅是设置于高速公路和一级公路的路侧,用于防止无关人员和牲畜进入、穿越,同时防止非法侵占公路用地的一种隔离设施。隔离栅主要由金属网片、立柱、斜撑、连接件、基础等部件组成。根据不同的金属网结构,隔离栅一般分为钢板网型隔离栅、焊接网型隔离栅、编织网型隔离栅以及刺钢丝型隔离栅。

隔离栅质量应符合现行《隔离栅技术条件》(JT/T 374)的要求。隔离栅的养护质量,主要应侧重于保证隔离栅的完整无缺,起到其防止人畜非法进入的正常作用,以保障高速公路和一级公路上车辆的快速安全通行。

当隔离栅出现破损时,犬类等动物能轻易翻越并进入高速公路,可能造成因躲避动物而发生交通事故。因此,应重视对隔离栅的养护管理工作。

隔离栅的养护内容主要包括:
(1)检查测试隔离栅的有关质量要求。
(2)修复破损的隔离栅金属网片。
(3)安装、紧固缺损或松动的连接件。
(4)修补立柱或基础。
(5)对严重锈蚀的隔离栅部件进行除锈、防腐处理或更换。

9.2.8　防眩设施是为防止对向车辆的灯光对驾车人的眼睛造成眩光,保障安全行驶而在公路的中央分隔带安装的一种设施。防眩设施目前一般使用防眩板,由金属、塑料、玻璃钢等耐候性较好的材料制作而成,也有利用中央绿化带作为防眩设施的。防眩板的防眩功能主要取决于防眩板的宽度、安装高度和安装间距。养护工作的重点是补装、修复或更换缺损的防眩设施,保持设施的完整和正常的防眩功能。

防眩设施质量应符合现行《公路防眩设施技术条件》(JT/T 333)的要求。

防眩设施养护的内容主要包括:

(1)检查测试防眩设施的有关质量要求。

(2)清洁防眩设施表面的油污、脏物。

(3)补装、修复或更换缺损的防眩设施。

9.2.9 随着公路建设的发展和新技术、新材料的不断涌现,交通安全设施也在不断推陈出新,更加趋于合理和完善。除以上标志标线、护栏等外,目前现有的其他交通安全设施主要有:里程碑、百米桩、道口标柱、公路界碑、防落网、锥形交通路标、公路防撞桶、减速垫、安全岛、平曲线反光镜、声屏障、示警标柱等。应根据其设施特点采取相应的养护手段,保持交通安全设施的清洁完整和功能正常,使其符合有关标准、规范的质量要求。

锥形交通路标的质量应符合现行《锥形交通路标》(JT/T 595)的要求,公路防撞桶的质量应符合现行《公路防撞桶》(JT/T 596)的要求,里程碑、百米桩、道口标柱、公路界碑、防落网、减速垫、安全岛、平曲线反光镜、声屏障、示警标柱等质量应符合相关的标准和规范要求。示警标柱是设置在漫水桥和过水路面两侧以及平原区4m以上、山岭区6m以上高路堤和危险路段两侧,以标明公路边缘和线形的标志。

9.3 公路机电系统

9.3.2 本条对监控系统主要设备的检查、检测及维护作了规定,其他设备可根据其技术特点、各地的实际情况规定检查、检测及维护的内容。

特殊地区(如雷击高发区等)的监控系统可根据该地区的特殊情况对相应的检查、检测及维护内容作出规定。

监控系统的设备及其维护均应满足设备所在环境、设备的类型和使用要求。

监控系统的维护应符合下列要求:

(1)设备电源电压应正常,应满足设备的使用要求。

(2)电源线和信号线的浪涌保护器安装与性能应可靠。

(3)线缆连接应良好,无松脱、老化,接头无锈蚀,接插件可靠。

(4)外场设备安装应牢固,外表无锈蚀,箱体应具有防尘、防水、防震、防雷、防盗等性能。

(5)计算机系统的功能应满足监控系统的需求,其网络系统应符合监控系统的技术条件。

(6)匝道控制器、区域控制器的功能应符合使用要求。

(7)车辆检测器检测线圈的绝缘电阻应不小于10MΩ,车流量检测误差应不超过±2%,车速检测误差应不超过±5%。

(8)可变信息标志显示信息应准确,发光二极管(LED)显示屏在额定驱动电流时的发光强度应不小于6 000cd/m^2。

(9)气象检测仪的检测精度应满足使用要求(表9-2)。

表9-2 公路气象检测表

序号	检测项目	检测范围	分辨率	检测精度
1	空气温度	-40~+60℃	0.1℃	±0.2℃
2	相对湿度	0~100%	1%	±4%(≤80%) ±8%(>80%)
3	风向	0°~360°	3°	±5°
4	风速	0~75m/s	0.1m/s	±(0.3+0.03v)m/s
5	雨量	雨量0~999mm (雨强0~4mm/min)	0.1mm	雨量<10mm:±0.5mm 雨量>10mm:±5%
6	路面温度	-50~+80℃	0.1℃	±0.3℃
7	能见度	0~2 000m	1m	10m
8	气压	500~1 100hPa	0.1hPa	±0.3hPa

注:v-风速(m/s);1hPa = 10^2Pa。

(10)光收发器、调制解调器等数据传输设备的传输性能应满足传输的要求。

(11)摄像机视距应保证在良好天气时,对小型车以上的目标不小于500m,其除霜、雨刷、变焦功能正常,视频切换正确,编解码器工作正常。

(12)公路隧道的一氧化碳检测仪和烟雾浓度探测仪等装置性能应良好。

(13)风机控制箱箱体无锈蚀、无积水、控制性能良好。

(14)照明控制箱箱体应良好,亮度可根据洞外的亮度进行自动调节,自动集控手动操作应准确。

(15)隧道火灾报警系统在检测报警后,控制设备应能及时驱动风机工作,并能变换送风方向、疏导烟雾,消防喷淋设备应能正常工作。

(16)车重测量仪周围应无积水、无杂物。车重测量仪的动态允许误差(车辆总重),低速设备在5km/h以下时的误差应不超过静态称量值的±2%,5~10km/h时的误差应不超过±3%,10~15km/h时的误差应不超过±5%。高速设备应不超过±7%。

(17)交通调查数据采集设备的交通流量测定精度应不小于98%,车型分类精度应不小于90%,车速测定精度应不小于90%。

(18)监控系统的室内设备应满足5~35℃的工作温度、20%~80%RH的湿度要求,外场设备应满足上限为所在区域气候类型的气温绝对极值数上增加5~15℃、下限为所在区域气候类型的气温绝对极值最严酷的工作温度,湿度不小于95%RH的要求。

(19)强电端与外壳的绝缘电阻应不小于50MΩ。

(20)设备外壳均应可靠接地,接地电阻应符合工作接地电阻不大于4Ω、保护接地电阻不大于4Ω、联合接地电阻不大于1Ω的要求。

9.3.3 公路收费系统由收费(清分)中心、收费站、收费车道的收费设备组成。应定期对收费系统的工作状态和性能进行检查、测试和维护。

收费系统定期维护的主要项目和内容与本规范监控系统相同的主要项目和内容,可参照其执行。

目前,国内公路收费系统收费介质使用较多的是 IC 卡和磁卡,因此对 IC 卡读写器、磁卡读写器作了规定,其他类型读写器的维护可参照执行。

收费系统的维护应符合下列要求:

(1)电源电压应正常。

(2)电源线和信号线的浪涌保护器安装与性能应可靠。

(3)线缆连接应良好,无松脱、老化,接头无锈蚀,接插件可靠。

(4)收费系统计算机工作应正常,软件功能应符合使用要求。

(5)收费亭内设备应可靠,工作应正常。

(6)数据传输性能应满足收费系统的工作要求。

(7)对讲系统话音频宽为 300~3 400Hz,主机和分机的声强级为 65dB,话音应清晰,监听、群呼、组呼、录音功能应正常。

(8)费额显示器应整洁,显示内容应正确。

(9)路侧读写单元(RSU)及天线控制器的功能应正常。

(10)雾灯、雨棚信号灯和车道通行灯控制、显示应正常,亮度和清晰度应满足使用要求。

(11)栏杆、箱体外壳等外场设备应无锈蚀。

(12)电动栏杆起落应正常,反光膜应清晰。

(13)车辆检测器应符合本规范条文说明 9.3.2 的相关规定,计数误差应不大于 0.1%。

(14)收费系统的亭内外设备的工作温度、湿度及闭路电视的维护均应满足本规范条文说明 9.3.2 的相关规定。

(15)图像抓拍信息应符合要求,可按规定存储转发。

(16)绝缘电阻和接地电阻应符合本规范条文说明 9.3.2 的相关规定。

9.3.4 通信系统维护时,应严格按照通信系统的操作规程和维护手册的规定进行检测、维护和保养。

通信系统的通路特性主要指标应符合现行《数字复用设备安装工程施工及验收技术规范(PDH)》(YD 5014)和《公路工程质量检验评定标准(机电工程)》(JTG F80/2)第 3 章 3.2 节的规定,并按现行《电信网光纤数字传输系统工程施工及验收暂行技术规定》(YDJ 44)具体方法进行测试。

通信系统的维护应符合下列要求:

(1)通路特性主要指标应按照现行《数字复用设备安装工程施工及验收技术规范(PDH)》(YD 5014)和《公路工程质量检验评定标准(机电工程)》(JTG F80/2)第 3 章3.2

节的有关规定执行。

(2)同步数字系列(SDH)传输设备系统性能测试和功能检查应按照现行《同步数字体系(SDH)光缆线路系统进网要求》(GB 15941)和《公路工程质量检验评定标准(机电工程)》(JTG F80/2)第3章3.2节的有关规定执行。

(3)数字传输系统网管功能的检查应符合现行《同步数字系列(SDH)光缆传输设备安装工程验收暂行规定》(YD 5044)和《SDH光缆通信工程网管系统设计暂行规定》(YD 5080)的要求。

(4)光纤通道后向散射信号曲线测试的指标要求如下:

①变动量应不大于竣工值+0.1dB/km;

②最大变动量应不大于5.0dB。

(5)光缆中继段衰耗应不大于光缆线路全程衰耗计算值。

(6)数字程控交换机的标称工作电压为−48V±5V(DC),交流电源线的芯线间和芯线对地的绝缘电阻应不小于1MΩ,直流馈电线的正负芯线间和负线对地间的绝缘电阻应不小于1MΩ。

(7)数字程控交换机的局内和局间呼叫接续应正常,用户新业务、特种服务、带答业务、非话业务以及语音信箱等各项业务功能应正常。

(8)数字程控交换机的障碍率应不大于10^{-4},计费差错率应不大于10^{-4}。

(9)应保持紧急电话设备的清洁以及工作电压的正常。太阳能供电的紧急电话分机的太阳能电池板应清洁、蓄电池工作电压应正常。

(10)紧急电话设备应完好无损,呼叫状态在监控系统中的显示和报警应正确,箱体应密封,通话音量应满足需要,话音应清晰。

(11)IP网络设备的性能及各项业务功能应正常。

(12)IP网络的安全管理应符合国家有关网络安全的相关规定,应有应急处理预案。

(13)无线通信系统的通信应正常,话音应清晰,维护按照现行《公路工程质量检验评定标准(机电工程)》(JTG F80/2)第3章3.5节的有关规定执行。转发器功率和灵敏度应符合系统要求。

(14)无线通信系统电源线和信号线的浪涌保护器安装与性能应可靠。无线通信系统强电端与外壳的绝缘电阻,以及设备的接地电阻应符合本规范条文说明9.3.2的相关规定,紧急电话通话柱的接地电阻及防雷接地电阻≤10Ω。

9.3.5 公路供配电系统的维护,应严格按安全管理部门有关电气安全操作规程的规定进行操作。

供配电系统的维护应符合下列要求:

(1)额定电压、运行电流不得超过供配电设备的额定电压、额定电流。

(2)绝缘子应完好,无裂纹、无破损,表面应清洁、无闪络放电痕迹。

(3)触头应保持接触良好,触刀无变形、无污垢、无烧痕,弹簧片、弹簧和引线无折断、不疲劳、不锈蚀。

(4)锁住机构及联锁、闭销装置应良好。操动机构连动的切换接点位置应正确,操作杆应无锈蚀、无变形、安装牢固,传动部分应无销轴脱落。

(5)高压断路器、油浸式变压器、油浸式高压互感器的油色应清晰,油位应正常,油箱无渗漏油。

(6)少油断路器正常运行中应无异常声响和异味。

(7)真空断路器的真空灭弧室绝缘外壳应洁净、无裂纹,排气管应良好,无锈蚀,灭弧室内无残余物、无松动。

(8)熔断管应清洁无裂纹、不变形、无烧结现象,熔断管密封良好,指示器应良好,导电接触部分应良好、紧密,触座清洁、无锈蚀、无烧毛现象,接触处温度正常。

(9)油浸式的高压互感器、变压器应无异声、异味,铁心无振动声,吸湿器、硅胶吸附剂不应达到饱和,负荷与运行应正常。

(10)高压避雷器的瓷套管应牢固、密封,表面应清洁,无裂纹、无破损、无放电痕迹,运行应正常,内部无异常声响。

(11)导电排的环境温度为+25℃时,母线接头允许运行温度为70℃;接触处有锡覆盖层时,允许温度为85℃。短路故障后,母排应不变形、断裂、烧坏,支持绝缘子不断裂、不脱落。

(12)油浸式变压器最高顶层油温95℃,长期运行时不宜超过85℃。

(13)变压器的冷却系统的运转应正常、无异声,基础牢固、无倾斜,外壳无积污、无变形、无腐蚀,阀门应处于打开状态,防爆管应无破裂、损伤及喷油痕迹,防爆膜应完好无损。

(14)变压器室的门窗、排风、照明(包括应急照明)装置应良好,消防设施应齐全。

(15)电缆敷设、绝缘、温度监视及电缆巡视维修人员的安全要求应按现行《电力工程电缆设计规范》(GB 50217)的有关规定执行。

(16)稳压电源应满足使用要求,输入电压变化范围不大于220/380V±20%,输出电压精度不大于220/380V±5%,效率大于80%;附加波形失真小于4%;完全调压时间(稳压时间)不大于1.5s。

(17)外场电源箱箱体外形应完整、箱门紧闭、门锁良好,防腐层无开裂、剥落,箱内无进水、电器组件完好无缺、安装牢固,芯线间、芯线对地的绝缘电阻应不小于1MΩ。

(18)架空线路的电杆与铁塔应无倾斜、变形、锈蚀、损坏及基础下沉、杆面扭转变形,线路下方地面和电杆周围无易燃、易爆和强腐蚀性物品及其他异常,线路上无杂物悬挂,拉线和板桩完好,导线的接头处接触良好,绝缘子无污染、破损和放电现象,避雷装置的接地良好。

(19)电缆终端头及瓷套管无破损及放电痕迹、无漏油溢胶,外表无锈蚀、损伤,沿线挂钩、支架无脱落,周围无易燃、易爆物及强腐蚀性物品,电缆的盖板完整,路线标桩完整,电缆沟内无积水。

(20)紧急电话太阳能电源的太阳能板的朝向应正确,充电控制器输出电压与电流均应满足紧急电话的使用要求。

(21)柴油发电机组应符合现行《供配电系统设计规范》(GB 50052)和《通信专用柴

油发电机组技术要求》(YD/T 502)的有关要求。

(22)备用电源的自动切换功能应完好。

(23)公路不同部位、场所照明的亮度应符合现行《公路照明技术条件》(JT/T 367)的要求。低压照明线路的末端电压应不低于额定电压的90%或不低于始端电压的95%。

(24)公路照明应采用高光效气体放电灯,不应采用白炽灯。高速公路、一级公路应采用截光型、半截光型灯具。

(25)当照明的光衰至现行《公路照明技术条件》(JT/T 367)规定的平均亮度维持值的70%、隧道照明光源达到其额定寿命的90%时,应清扫灯具和更换光源。

(26)接地装置应可靠,强电端与外壳的绝缘电阻、接地电阻应符合本规范条文说明9.3.2的相关规定,金属灯杆的接地电阻及防雷接地电阻≤10Ω。

9.4 服务设施

9.4.1～9.4.3 服务设施是公路为过往车辆和人员提供停置、加油、维修和食宿、休息等服务的服务区设施,以及长途客车停靠站、停车场等。

现行《公路工程技术标准》(JTG B01)中,将交通工程及沿线设施分为A、B、C、D四级:A级适用于高速公路;B级适用于一级公路、二级公路作为干线公路时;C级适用于一级公路、二级公路作为集散公路时,D级适用于三级公路、四级公路。其中规定A级、B级应设置服务区、停车区和公共汽车停靠站;C级、D级可根据需要设置加油站、公共厕所等设施。并对设置的具体内容进行了规定。服务设施的养护质量应保持其设置内容符合有关标准要求。

服务设施的保养与维修内容主要包括:清扫场地,清除场内杂物,清理疏通排水设施,保持服务区内环境的整洁卫生;按规定配备消防设备,定期检查消防设备的数量及完好情况,灭火器药剂必须定期更换等。

9.5 养护房屋

9.5.1、9.5.2 养护房屋及周围环境应布局合理,整洁美观,设施适用、方便,并保持排水畅通。各种建筑材料应经济实用,环保节能,且与周围环境相协调。

原规范对公路沿线道班房及段房的围墙、交通量观测站房屋的房檐等,要求按规定涂色和设置规定的公路路徽。本次修订在征求意见之后,对此不再明确规定。

9.5.3 养护房屋的保养与维修可参照普通房屋的要求进行,主要应定期对房屋及围墙进行粉刷或油漆,定期对房屋钢构件进行维护、清除锈蚀、涂刷防锈漆或油漆,定期对房屋消防设备进行检查、补充、更换等。

10 公路绿化与环境保护

10.1 一般规定

10.1.1 公路绿化是绿化国土的重要组成部分，是公路建设和养护中的一项重要内容，是稳固路基、保护路面、美化路容、改善环境、减少噪声、舒适行旅、诱导汽车行驶，也是防风、防沙、防雪、防水害的重要措施之一。

在公路两侧边坡、分隔带及沿线空地等一切可绿化的公路用地，利用绿色的乔木、灌木及花、草合理覆盖的工程，都属公路绿化。

公路隧道、桥、涵、石质路基及石方护坡，重盐碱、沙漠和特别干旱地区的路段等，不能人工栽植或不能自然生长木本、草本绿色植物的路段，是不可绿化路段。在公路用地范围内，能人工栽植和自然生长乔木、灌木和花草的路段为可绿化路段。

公路绿化按其绿化的位置、作用和性质，主要划分为防护林、风景林和美化沿线景观的小型园林、花圃、草坪等。

合理选择绿化植物品种是提高绿化、美化效果，丰富公路景观，达到防护与观赏相结合的保证。

10.1.3 绿化成活率，是指栽植后发芽长叶至少在一个生长季节以上的成活株数（m^2、丛、延米）占总栽植株数（m^2、丛、延米）的百分数。绿化保存率，是指栽植后成活两年及以上的株数（m^2、丛、延米）占总栽植株数（m^2、丛、延米）的百分数。

10.2 栽植与管护

10.2.2 本条规定了不同类型地区的公路绿化的不同要求。山区实施具有防护功能的绿化工程，是为了含蓄水分，滞缓地表径流，减轻水土流失，防冲刷、防塌固坡；平原区栽植单行或多行防护林带，是为了减轻或消除风、沙、雪、水等对公路的危害；草原区在线路两侧栽植防护林带，是为了阻挡风、雪侵蚀危害公路；盐碱区栽植抗盐碱、耐水湿的乔木、灌木品种，配栽成多行的绿化带，是为了降低地下水位，改善土壤结构。

10.2.4 绿化植物冠幅投影面积与绿化占地面积之比，达到0.6以上时为郁闭。

绿化植物郁闭后，应及时修剪抚育，促进其生长和发育健壮，形状优美，透光适度，通风良好，减少病虫害的发生，适时开花结果。

草皮应定期修剪,保持草高不超过150mm,避免叶茎过长,影响排水,遮挡阳光,通风不良,诱发病虫害。

10.2.5 刷涂白剂的目的是预防病虫害侵染,增添公路美观。涂白剂的配制方法:生石灰5kg+石硫合剂原液0.5kg+盐0.5kg+动物油0.1kg+水20kg。

10.2.7、10.2.8 《中华人民共和国森林法》把公路林列为防护林种。其主要作用是保护公路,改善环境条件。因此,不应进行主伐,只能进行抚育采伐或更新采伐。抚育采伐或更新采伐,应严格按《中华人民共和国森林法》和有关部门的规定进行。

10.3 环境保护

10.3.1 环境是人类赖以生存、繁衍和发展的基本条件,人类环境包括自然环境和社会环境。环境保护是我国的一项基本国策。为了避免公路建设和养护作业所产生的环境污染和对生态环境的破坏,必须切实做好公路环境保护工作。

公路环境保护应以防为主,在工程设计开始即从主观上考虑环境保护问题,以免引起环境破坏、污染,进而保护环境。

公路改建工程设计应妥善处理好主体工程与环保措施间的关系,尽可能从路线方案、指标的运用上合理取舍,而不应过多地依赖环境保护设施来弥补。当公路工程对局部环境造成较大影响时,应进行主体工程方案与采取环保措施间的多方案比选。

环境保护标准是指国家颁布的环境保护质量标准,如现行《环境空气质量标准》(GB 3095)、《地表水环境质量标准》(GB 3838)等。技术指标是指对环境保护总体设计原则量化的某些设计指标,如线位距环境敏感点的最小距离、乡村地区通道一般间距、路基填(挖)控制高度等。

自然保护区、水源保护区、湿地系指国家有关行政主管部门明文划定的且规定有相应的范围、级别的区域。野生生物主要指《国家保护植物名录》中的植物与《国家重点保护野生动物名录》中的动物。对生态环境提出保护方案主要指植物防护或工程防护方案,如尽量减少对原有地表植被的破坏,减少工程的开挖面与覆盖面,设置绿化带,将路面径流引出或筑砌挡墙、排水沟、改路堤为桥等。

10.3.2 生活环境是指人们正常生活的生活环境和工作环境,也包括人类食用生物的生长环境,如水产养殖水体等,其目的是保护人们的身体健康和正常生活、工作。

10.3.3 公路养护环境污染防治,是指对公路养护作业产生的噪声、废料、废气、污水等生活环境污染的防治。

10.3.4 公路养护环境保护工作,主要指生态环境、水环境、声环境、环境空气、社会环境的保护工作。同时应加强已有环保设施及其他公路沿线设施的清洁工作。

生态环境保护:包括保护重要生态系统及生物资源,保护基本农田,水土保持等。

水环境保护:包括保护水体不受公路路面径流水污染;科学处理施工废水,如机修废水、含油污水;防止施工中的弃土、弃渣等固体废物直接排入水体等。

声环境保护:主要指控制环境噪声污染。《中华人民共和国环境噪声污染防治法》称:"环境噪声污染,是指所产生的环境噪声超过国家规定的环境噪声排放标准,并干扰他人正常生活、工作和学习的现象。"

环境空气保护:主要指防治养护作业产生的扬尘、沥青烟尘等大气污染物对环境空气的污染,防治运送施工物料车辆排放的废气对环境空气的污染。

社会环境保护:《公路建设项目环境影响评价规范(试行)》(JTJ 005—96)称,社会环境,包括社区发展、居民生活质量、基础设施、矿产资源利用、土地利用、旅游资源、文物资源、城镇建设等。公路建设和养护作业,应尽量保护社会环境不受施工损坏和影响。

11 公路养护作业安全

11.1 一般规定

11.1.1 本条规定必须规范公路养护维修工程的安全管理和作业行为,保障养护维修作业人员、设备安全和过往车辆运行安全,保证车辆能够安全、顺畅通过养护维修作业控制区域,制订必要的安全保障方案。

11.1.2~11.1.4 在开放交通条件下进行养护维修作业,既有养护维修作业操作时的安全问题,又有交通安全问题,因此应针对这两方面的安全问题做好安全防护工作。公路养护维修作业施工单位、公路经营单位和公路管理机构在安全防护方面有不同的职责要求,必须履行相应的职责,共同做好安全防护工作。

11.2 养护作业安全

11.2.10 公路养护维修作业控制区为公路养护维修作业所设置的交通管理区域,分为警告区、上游过渡区、缓冲区、工作区、下游过渡区和终止区等6个区域。

(1)在作业控制区的6个分区中,警告区是最重要的一个分区。

警告区是从作业控制区起点设置的施工标志到上游过渡区之间的路段,从最前面的施工标志开始到工作区的第一个渠化装置为止,用以警告车辆驾驶员已经进入养护维修作业路段,按交通标志调整行车状态。

警告区长度应保证车辆驾驶员在到达工作区之前,有足够的时间改变行车状态。

警告区最小长度是保证驶入警告区的车辆减速至工作区规定的限速所需要的警告区路段的最短长度。

(2)当工作区包含了一条或多条车道时,就需要封闭工作区所包含的车道。为了防止车流在改变车道时发生突变,需要设置一个改变车道的过渡区,以使车流的变化缓和平稳。

过渡区一般有两种:上游过渡区和下游过渡区。

上游过渡区是保证车辆平稳地从封闭车道上游横向过渡到缓冲区旁边非封闭车道的路段。

下游过渡区是保证车辆平稳地从工作区旁边的车道横向过渡到正常车道的路段。若下游过渡区设置得当,将有利于交通流的平稳。下游过渡区的长度只要保证车辆有足够的路程来调整行车状态即可,一般可按 30m 取值。

在利用对向车道来转移本方向车流的情况下,本方向车道的下游过渡区实际上就是对向车道的上游过渡区,因此其设置要求与上游过渡区相同。

(3)缓冲区是上游过渡区和工作区之间的一个路段,其设置主要考虑假设行车驾驶员判断失误,有可能直接从过渡区闯入工作区,造成人员伤害和设备的损坏。设置缓冲区可以提供一个缓冲路段,给失误车辆有调整行车状态的余地,避免发生严重的事故。在缓冲区内一般不准堆放东西,也不准养护维修作业人员在其中活动或工作。为了更有效地保护养护维修作业人员,在过渡区与缓冲区之间,可以设置防冲撞装置,以加强防护作用。

(4)工作区是养护维修作业的施工操作区域。这是养护维修作业的工作场所,也是养护维修作业人员工作、堆放建筑材料、停放施工设备的地方。为了保证安全,在工作区与开放交通的车道之间要有明确的隔离装置。工作区的长度一般根据养护维修作业或施工的需要而定。工作区的布置,还应考虑为工程车辆提供安全的进口和出口。

(5)终止区是设置于工作区下游调整车辆行车状态的路段。其设置目的是为通过或绕过养护维修作业地段的车辆提供一个调整行车状态的路段。在终止区的末端应设置有关解除限速或超车的交通标志,这样可使驾驶员明白已经通过了养护维修作业地段,并恢复正常的行车状态。

11.2.11 根据养护维修作业的情况,为养护维修作业而临时设置的交通标志,主要有警告标志、禁令标志、指示标志和施工区标志。交通标志的设置,除应符合现行《道路交通标志和标线》(GB 5768)规定外,在养护维修作业时,还应根据具体情况设置于专门的位置,并尽可能利用公路可变信息板,配以图案或文字说明。在弯道、纵坡处进行养护维修作业时,应根据实际情况增设交通标志。

当工作区在道路右侧时,交通标志宜设在车道右侧或工作区上游车道上。当工作区在道路靠中央分隔带一侧时,交通标志宜设在中央分隔带护栏外侧或绿化带上。

公路养护安全设施的设置应按顺交通流方向设置;撤除时应按逆交通流方向撤除。

12 技术管理

12.2 信息化管理

在2001年全国公路普查后,交通部建立了《全国公路数据库系统(HDBS)》,并在此基础平台上,陆续推出了《中国国家公路数据库系统》(HDBS GIS部级版)以及《公路养护投资分配系统》、《HDBS公路档案管理系统》、《HDBS公路养护评价决策管理系统》、《HDBS公路养护业务管理系统》等应用系统。各省(区、市)应按照交通部统一部署和要求,逐步建立完善本省(区、市)公路数据库系统,并借此研发符合本省(区、市)实际的各类应用系统。

12.3 养护工程管理

12.3.2 对改建工程项目的设计、施工、监理及竣工验收等,应按照新建工程项目的建设管理规定执行。

12.3.4 本章虽取消了交通情况调查一节内容,但在进行养护工程设计时,应充分考虑当前车辆超载的实际情况,对车辆轴载情况进行检测;并根据实测结果进行路面结构设计。

12.4 公路检查

12.4.1 关于各级公路管理机构公路检查的频率,按照检查内容和要求的不同,并参考多年的惯例而定。

(1)交通部在2000年明确规定,每5年组织一次全国性公路检查。

(2)省级公路管理机构应每年至少组织一次检查。

(3)地(市)级公路管理机构可根据本辖区管养公路里程分布情况以及本级对公路养护目标考核的要求,每半年组织一次检查或每个季度组织一次检查。

(4)县级公路管理机构应每月组织一次检查。

12.5 档案管理

12.5.1 公路养护档案管理要求

公路养护档案工作应贯彻执行《中华人民共和国档案法》和《中华人民共和国档案法实施办法》,并符合《交通档案管理办法》的有关规定,既要执行交通行业档案管理的制度、规范、标准,又要接受所在地区档案行政管理部门的业务指导与监督。

公路养护档案可按如下要求实行分级管理:

(1)地(市)级及县级交通主管部门(公路管理机构)负责管理所在辖区内公路的全部基础档案资料。

(2)省(市、区)交通主管部门(公路管理机构)负责管理全省(市、区)县级以上(含县级)公路的全部基础档案资料。

(3)各省(市、区)也可根据当地实际情况确定分级管理范围。

(4)公路小修保养档案应包括以下内容:

①路况登记资料

a. 路面平面略图;

b. 公路基本资料;

c. 路况示意图;

d. 构造物卡片包括桥梁、隧道、渡口、过水路面、房屋等;

e. 登记表包括涵洞、挡土墙、绿化等。

②检查与验收资料

a. 日常作业检查记录;

b. 中间检查记录;

c. 定期检查资料;

d. 巡查记录。

(5)中修工程档案应包括以下内容:

①工程合同和造价文件

a. 合同文件;

b. 决算书。

②施工大纲及批复

a. 施工大纲;

b. 施工大纲批复。

③技术交底和会议纪要

a. 设计交底会议纪要;

b. 施工图交底会议纪要;

c. 关键施工技术交底记录;

d. 竣工验收会议纪要。

④工程施工过程资料

a. 开工报告;

b. 停工报告;

c. 复工报告;

d. 竣工报告;
e. 水准点、控制点和基准线复测记录;
f. 施工日志及施工原始记录。
⑤施工质量控制资料
a. 工程项目划分表;
b. 计量仪器、设备检定(测试)报告;
c. 工程质量检验评定表及汇总表;
d. 工程质量保证资料;
e. 工程质量事故报告及处理记录。
⑥竣工图表
a. 竣工图目录;
b. 变更单与相关竣工图对照汇总表;
c. 设计变更单;
d. 业务联系单;
e. 竣工图纸。
⑦工程总结及工程竣工验收报告
a. 施工总结;
b. 监理工作总结;
c. 设计工作总结;
d. 工程竣工验收报告单。
(6)大修工程档案应包括以下内容:
①工程合同和造价文件
a. 合同文件(包括招、投标文件);
b. 决算书。
②施工组织设计、监理大纲及批复;
a. 施工组织设计;
b. 施工组织设计批复;
c. 监理大纲;
d. 监理大纲批复。
③技术交底和会议纪要
a. 设计交底会议纪要;
b. 施工图交底会议纪要;
c. 关键施工技术交底记录;
d. 竣工验收会议纪要。
④工程施工过程资料
a. 开工报告;
b. 停工报告;

c. 复工报告；
d. 竣工报告；
e. 水准点、控制点和基准线复测记录；
f. 施工日志及施工原始记录；
g. 监理日志及监理原始记录。
⑤施工质量控制资料
a. 工程项目划分表；
b. 计量仪器、设备检定(测试)报告；
c. 工程质量检验评定表及汇总表；
d. 工程质量保证资料；
e. 工程质量事故报告及处理记录。
⑥竣工图表
a. 竣工图目录；
b. 变更单与相关竣工图对照汇总表；
c. 设计变更单；
d. 业务联系单；
e. 竣工图纸。
⑦工程总结及工程竣工验收报告
a. 施工总结；
b. 监理工作总结；
c. 设计工作总结；
d. 工程竣工验收报告单。

(7)改建工程档案内容：应按现行《公路工程竣(交)工验收办法》的规定，包含综合文件、决算和审计文件、监理资料、施工资料和科研、新技术资料等五方面内容。

12.5.2 档案整理

1 案卷可采用装订与不装订两种形式。文字材料必须装订。既有文字材料，又有图纸的案卷应装订。装订应采用线绳三孔左侧装订法，应整齐、牢固，便于保管和利用。

2 档案资料立卷可按照工程项目立项、设计、施工准备、施工、竣工验收顺序，对各参建单位移交的全部案卷进行系统整理排序。

3 文字材料按事项、专业顺序排列。同一事项的请示与批复、同一文件的印本与定稿、主体与附件不能分开，并按批复在前、请示在后，印本在前、定稿在后，主体在前、附件在后的顺序排列。图纸按专业排列，同专业图纸按图号顺序排列。既有文字材料又有图纸的案卷，文字材料排前，图纸排后。

4 封面应具有工程名称、开竣工日期、编制单位、单位负责人、技术主管、技术负责人、卷、册、编号。文件材料部分的排列：管理性文件按问题重要程度排列；项目技术性文件材料应按现行《公路工程竣(交)工验收办法》的有关编制要求规定排列。

5　工程文件应采用耐久性强的书写材料,如碳素墨水、蓝黑墨水,不得使用易褪色的书写材料,如红色墨水、纯蓝墨水、圆珠笔、复写纸、铅笔等。工程文件的纸张应采用能够长期保存的韧力大、耐久性强的纸张。图纸采用计算机出图,竣工图应是新图。计算机出图必须清晰,不得使用计算机出图的复印件。

12.5.3　档案保存与使用

公路养护档案保存可分别按短期、长期和永久三种保存期限进行分类排列。

(1)公路定期检查资料、县级及县级以下公路大中修工程资料可作为短期保存档案资料进行保存。

(2)乡级及乡级以下公路的基础资料、县级公路改建工程资料、国省干线公路的大中修工程资料可作为长期保存档案资料进行保存。

(3)县级及县级以上公路的基础资料、国省干线公路的改建工程资料和各级公路桥梁、隧道等建筑物应作为永久保存档案资料进行保存。

(4)各省(市、区)也可根据当地的实际情况,按照有利于保存、利用的原则,确定短期、长期、永久保存的档案资料的类型。

档案库房(含胶片库、磁带库)的温度应控制在14～24℃,有调节设备的库房温度日变化幅度不得超过±2℃;相对湿度应控制在45%～60%,配有调节设备的库房湿度日变化幅度不得超过±5%。保存母片的胶片库温度应控制在13～15℃,相对湿度应控制在35%～45%。

12.5.4　电子档案

既重视电子档案,又能加强纸质等载体档案的管理,充分开发各类档案信息资源。加大档案数字化建设力度,使养护档案基础工作与数据建库扩容紧密结合,使档案数据库信息量包括全宗级、案卷级、文件级目录数据和各种专题档案目录数据,并逐步向全文数据发展。

公路工程现行标准、规范、规程、指南一览表

（2016 年 4 月版）

序号	类别		编　　号	书名（书号）	定价（元）
1	基础		JTG A02—2013	公路工程行业标准制修订管理导则（10544）	15.00
2			JTG A04—2013	公路工程标准编写导则（10538）	20.00
3			JTJ 002—87	公路工程名词术语（0346）	22.00
4			JTJ 003—86	公路自然区划标准（0348）	16.00
5			JTG B01—2014	★公路工程技术标准（活页夹版，11814）	98.00
6			JTG B01—2014	★公路工程技术标准（平装版，11829）	68.00
7			JTG B02—2013	公路工程抗震规范（11120）	45.00
8			JTG/T B02-01—2008	公路桥梁抗震设计细则（1228）	35.00
9			JTG B03—2006	公路建设项目环境影响评价规范（0927）	26.00
10			JTG B04—2010	公路环境保护设计规范（08473）	28.00
11			JTG B05—2015	公路项目安全性评价规范（12806）	45.00
12			JTG B05-01—2013	公路护栏安全性能评价标准（10992）	30.00
13			JTG B06—2007	公路工程基本建设项目概算预算编制办法（06903）	26.00
14			JTG/T B06-01—2007	★公路工程概算定额（06901）	110.00
15			JTG/T B06-02—2007	★公路工程预算定额（06902）	138.00
16			JTG/T B06-03—2007	★公路工程机械台班费用定额（06900）	24.00
17			交通部定额站 2009 版	公路工程施工定额（07864）	78.00
18			JTG/T B07-01—2006	公路工程混凝土结构防腐蚀技术规范（0973）	16.00
19			交通部 2007 年第 30 号	国家高速公路网相关标志更换工作实施技术指南（1124）	58.00
20			交通部 2007 年第 35 号	收费公路联网收费技术要求（1126）	62.00
21			交通运输部 2015 年第 40 号	★收费公路联网收费多义性路径识别技术要求（12484）	40.00
22			JTG B10-01—2014	公路电子不停车收费联网运营和服务规范（11566）	30.00
23			交通运输部 2011 年	公路工程项目建设用地指标（09402）	36.00
24	勘测		JTG C10—2007	★公路勘测规范（06570）	28.00
25			JTG/T C10—2007	★公路勘测细则（06572）	42.00
26			JTG C20—2011	公路工程地质勘察规范（09507）	65.00
27			JTG/T C21-01—2005	公路工程地质遥感勘察规范（0839）	17.00
28			JTG/T C21-02—2014	公路工程卫星图像测绘技术规程（11540）	25.00
29			JTG/T C22—2009	公路工程物探规程（1311）	28.00
30			JTG C30—2015	★公路工程水文勘测设计规范（12063）	70.00
31	设计	公路	JTG D20—2006	★公路路线设计规范（0996）	38.00
32			JTG/T D21—2014	公路立体交叉设计细则（11761）	60.00
33			JTG D30—2015	★公路路基设计规范（12147）	98.00
34			JTG/T D31—2008	沙漠地区公路设计与施工指南（1206）	32.00
35			JTG/T D31-02—2013	★公路软土地基路堤设计与施工技术细则（10449）	40.00
36			JTG/T D31-03—2011	★采空区公路设计与施工技术细则（09181）	40.00
37			JTG/T D31-04—2012	多年冻土地区公路设计与施工技术细则（10260）	40.00
38			JTG/T D32—2012	★公路土工合成材料应用技术规范（09908）	42.00
39			JTG D40—2011	★公路水泥混凝土路面设计规范（09463）	40.00
40			JTG D50—2006	★公路沥青路面设计规范（06248）	36.00
41			JTG/T D33—2012	公路排水设计规范（10337）	40.00
42		桥隧	JTG D60—2015	★公路桥涵设计通用规范（12506）	40.00
43			JTG/T D60-01—2004	公路桥梁抗风设计规范（0814）	28.00
44			JTG D61—2005	公路圬工桥涵设计规范（0887）	19.00
45			JTG D62—2004	公路钢筋混凝土及预应力混凝土桥涵设计规范（05052）	48.00
46			JTG D63—2007	公路桥涵地基与基础设计规范（06892）	48.00
47			JTG D64—2015	★公路钢结构桥梁设计规范（12507）	80.00
48			JTG D64-01—2015	公路钢混组合桥梁设计与施工规范（12682）	45.00
49			JTG/T D65-01—2007	公路斜拉桥设计细则（1125）	28.00
50			JTG/T D65-04—2007	公路涵洞设计细则（06628）	26.00
51			JTG/T D65-05—2015	公路悬索桥设计规范（12674）	55.00
52			JTG/T D65-06—2015	公路钢管混凝土拱桥设计规范（12514）	40.00
53			JTG D70—2004	公路隧道设计规范（05180）	50.00
54			JTG/T D70—2010	★公路隧道设计细则（08478）	66.00
55			JTG D70/2—2014	公路隧道设计规范　第二册　交通工程与附属设施（11543）	50.00
56			JTG/T D70/2-01—2014	公路隧道照明设计细则（11541）	35.00
57			JTG/T D70/2-02—2014	公路隧道通风设计细则（11546）	70.00

续上表

序号	类别		编 号	书名(书号)	定价(元)
58	设计	交通工程	JTG D80—2006	高速公路交通工程及沿线设施设计通用规范(0998)	25.00
59			JTG D81—2006	★公路交通安全设施设计规范(0977)	25.00
60			JTG/T D81—2006	★公路交通安全设施设计细则(0997)	35.00
61			JTG D82—2009	公路交通标志和标线设置规范(07947)	116.00
62		综合	交公路发〔2007〕358 号	公路工程基本建设项目设计文件编制办法(06746)	26.00
63			交公路发〔2007〕358 号	公路工程基本建设项目设计文件图表示例(06770)	600.00
64			交公路发〔2015〕69 号	公路工程特殊结构桥梁项目设计文件编制办法(12455)	30.00
65	检测		JTG E20—2011	公路工程沥青及沥青混合料试验规程(09468)	106.00
66			JTG E30—2005	公路工程水泥及水泥混凝土试验规程(0830)	32.00
67			JTG E40—2007	★公路土工试验规程(06794)	79.00
68			JTG E41—2005	公路工程岩石试验规程(0828)	18.00
69			JTG E42—2005	公路工程集料试验规程(0829)	30.00
70			JTG E50—2006	★公路工程土工合成材料试验规程(0982)	28.00
71			JTG E51—2009	公路工程无机结合料稳定材料试验规程(08046)	48.00
72			JTG E60—2008	公路路基路面现场测试规程(07296)	38.00
73			JTG/T E61—2014	公路路面技术状况自动化检测规程(11830)	25.00
74	施工	公路	JTG F10—2006	公路路基施工技术规范(06221)	40.00
75			JTG/T F20—2015	★公路路面基层施工技术细则(12367)	45.00
76			JTG/T F30—2014	公路水泥混凝土路面施工技术细则(11244)	60.00
77			JTG/T F31—2014	公路水泥混凝土路面再生利用技术细则(11360)	30.00
78			JTG F40—2004	★公路沥青路面施工技术规范(05328)	38.00
79			JTG F41—2008	公路沥青路面再生技术规范(07105)	25.00
80		桥隧	JTG/T F50—2011	★公路桥涵施工技术规范(09224)	110.00
81			JTG/T F81-01—2004	公路工程基桩动测技术规程(0783)	20.00
82			JTG F60—2009	公路隧道施工技术规范(07992)	42.00
83			JTG/T F60—2009	公路隧道施工技术细则(07991)	58.00
84		交通	JTG F71—2006	★公路交通安全设施施工技术规范(0976)	20.00
85			JTG/T F72—2011	公路隧道交通工程与附属设施施工技术规范(09509)	35.00
86	质检安全		JTG F80/1—2004	公路工程质量检验评定标准 第一册 土建工程(05327)	46.00
87			JTG F80/2—2004	公路工程质量检验评定标准 第二册 机电工程(05325)	26.00
88			JTG G10—2006	公路工程施工监理规范(06267)	20.00
89			JTG F90—2015	★公路工程施工安全技术规范(12138)	68.00
90	养护管理		JTG H10—2009	公路养护技术规范(08071)	49.00
91			JTJ 073.1—2001	公路水泥混凝土路面养护技术规范(0520)	12.00
92			JTJ 073.2—2001	公路沥青路面养护技术规范(0551)	13.00
93			JTG H11—2004	公路桥涵养护规范(05025)	30.00
94			JTG H12—2015	公路隧道养护技术规范(12062)	60.00
95			JTG H20—2007	公路技术状况评定标准(1140)	15.00
96			JTG/T H21—2011	★公路桥梁技术状况评定标准(09324)	46.00
97			JTG H30—2015	公路养护安全作业规程(12234)	90.00
98			JTG H40—2002	公路养护工程预算编制导则(0641)	9.00
99	加固设计与施工		JTG/T J21—2011	公路桥梁承载能力检测评定规程(09480)	20.00
100			JTG/T J21-01—2015	公路桥梁荷载试验规程(12751)	40.00
101			JTG/T J22—2008	公路桥梁加固设计规范(07380)	52.00
102			JTG/T J23—2008	公路桥梁加固施工技术规范(07378)	30.00
103	改扩建		JTG/T L11—2014	高速公路改扩建设计细则(11998)	45.00
104			JTG/T L80—2014	高速公路改扩建交通工程及沿线设施设计细则(11999)	30.00
105	造价		JTG M20—2011	公路工程基本建设项目投资估算编制办法(09557)	30.00
106			JTG/T M21—2011	公路工程估算指标(09531)	110.00
1	技术指南		交公便字〔2006〕02 号	公路工程水泥混凝土外加剂与掺合料应用技术指南(0925)	50.00
2			厅公路字〔2006〕418 号	公路安全保障工程实施技术指南(1034)	40.00
3			交公便字〔2009〕145 号	公路交通标志和标线设置手册(07990)	165.00

注:JTG——公路工程行业标准体系;JTG/T——公路工程行业推荐性标准体系;JTJ——仍在执行的公路工程原行业标准体系。批发业务电话:010-59757973;零售业务电话:010-85285659(北京);网上书店电话:010-59757908;业务咨询电话:010-85285922。带“★”的表示有勘误,详见中国交通运输标准服务平台 www.yuetong.cn/bzfw。